Danièle Ryman

Handbuch
der
Aromatherapie

Heilende Öle und pflanzliche Essenzen
für Gesundheit und Wohlbefinden

Deutsche Erstausgabe

WILHELM HEYNE VERLAG
MÜNCHEN

HEYNE RATGEBER
08/9293

Aus dem Englischen übertragen von
Christine Wendling

Titel der Originalausgabe:
THE AROMATHERAPY HANDBOOK
erschienen bei The C. W. Daniel Company Lim., England

Copyright © 1984 by Danièle Ryman
Copyright © der deutschsprachigen Ausgabe by
Wilhelm Heyne Verlag GmbH & Co. KG, München, 1990
Printed in Germany 1990
Umschlaggestaltung: Atelier Adolf Bachmann, Reischach
Umschlagfoto: Fotodesign Erwino Nitz, Mühldorf
Satz: Kort Satz GmbH
Druck und Bindung: Presse-Druck Augsburg

ISBN 3-453-04097-X

Zur Erinnerung an Marguerite Maury

Für meinen Sohn Nico und Set,
die mir Raum und Zeit gaben,
um dieses Buch zu schreiben.

Inhalt

Über den Autor

Danièle Ryman wurde in Cahors, Frankreich geboren. Im Alter von zwanzig Jahren lernte sie Marguerite Maury, die Wegbereiterin der Aromatherapie, kennen und entdeckte ihre eigentliche Berufung. Nach mehrjähriger Ausbildung ging sie nach England, um die Marguerite-Maury-Klinik in London zu leiten. Seit nunmehr einundzwanzig Jahren praktiziert sie die Aromatherapie und hat sich auf Hautprobleme spezialisiert. Aufgrund ihrer regelmäßigen Teilnahme an medizinischen Seminaren auf der ganzen Welt konnte Danièle Ryman wertvolle Beiträge zu zahlreichen alternativen Medizinbüchern und Fernsehsendungen leisten.

Dank

Mein Dank gilt Amanda Cochrane, mit deren Hilfe es möglich war, dieses Buch so schnell fertigzustellen, sowie der brillanten Herausgeberin Susan Fleming, die mich all die Jahre ermutigt hat, dieses Werk zu vollenden.

Ebenso danke ich Gail Rebuck und Susan Lamb für ihre Hilfe, und schließlich meinem Team in der Klinik, Dorothy Beatty und Farrol Kahn, die mich während meiner Arbeit unterstützt haben.

Anmerkung

Bei Aromatherapie handelt es sich um eine Therapieform der komplementären Medizin. Patienten, die meine Rezepte und Ratschläge ausprobieren möchten, sich aber in medikamentöser Behandlung befinden, sollten diese Behandlung auf keinen Fall ohne ärztlichen Rat abbrechen – oder gar statt dessen machen.

Einführung

Dieses Handbuch für die Anwendung der Aromatherapie ist vor allem Frauen gewidmet. Es wurde geschrieben, weil diese alternative Form der Medizin einer Reihe Informationen bedarf – und vor allem auch aufgrund des ständigen Drängens meiner Patienten, ich solle die Ratschläge, die ich ihnen seit einundzwanzig Jahren erteile, veröffentlichen!

Mein Leben wurde vom ersten Tag an durch Aromatherapie bestimmt. Pfirsichblüten- und Fliederduft erfüllte das Zimmer, in dem ich geboren wurde. Später erzählte mir meine Großmutter, daß es damals Brauch war, ein Baby auf diese Weise zu begrüßen, um seinen ersten Atemzug durch den Duft der Blumen zu intensivieren. In meiner Jugend praktizierte ich diese Therapie im Kreis meiner Familie, ohne mir über ihre Bedeutung im klaren zu sein. Bei Müdigkeit massierten wir den Körper mit Öl, tranken Tee gegen Schlaflosigkeit und Verdauungsstörungen, inhalierten ätherische Öle bei Bronchitis, Erkältung und Grippe und verwendeten aromatische Kräuter beim Kochen, um die Verdauung anzuregen. Man unternahm regelmäßig Spaziergänge durch Pinienwälder, um den Pinienduft einzuatmen, denn man war von seiner vorbeugenden Wirkung gegen Tuberkulose überzeugt.

Erst Marguerite Maury, die Vorkämpferin der Aromatherapie, die ich im Alter von zwanzig Jahren in Paris traf, klärte mich darüber auf, daß ich die Therapie schon immer praktiziert hatte. Sie überredete mich, mein Wissen zu vertiefen und so meinem Wunsch, Menschen zu behandeln und heilen, nachzukommen. Also nahm mein Leben eine Wende. Ich gab mein Studium an der Akademie der Schönen Künste auf und arbeitete unter Marguerite Maurys Leitung, bis sie 1968 starb.

Nach ihrem Tod führte ich die Arbeiten und Forschungen weiter. Später erweiterte ich meine Studien zur Aromatherapie und befaßte mich zusätzlich mit dem Geruchssinn, denn ich hatte das Gefühl, daß er aufgrund unserer Vorliebe für alles Visuelle vernachlässigt wurde.

Ich beschäftigte mich also mit diesem Thema und fand heraus, daß dies nicht immer der Fall war. Früher waren sich die Menschen weit mehr über die Bedeutung des Geruchssinns und die therapeutische Funktion von Gerüchen bewußt.

Mein Buch soll deutlich machen, daß die Anwendung dieser Form der alternativen Medizin allen Menschen zugänglich ist, und daß sie die Natur in Form eines ›Duftreigens‹ in unser unnatürliches Stadtleben zurückbringen kann. Wir sollten schließlich nicht vergessen, was Hippokrates, der Vater der Medizin, sagte: »Jeden Tag ein aromatisches Bad und eine wohlriechende Massage sind der beste Weg, um gesund zu bleiben.«

Danièle Ryman

1. Kapitel

Der
Geruchssinn

Es entsteht leider der Eindruck, daß unser Geruchssinn heutzutage vernachlässigt wird, da wir uns immer mehr auf das Gesehene und Gehörte verlassen, um Informationen über unser Umfeld zu erhalten.

In der Geschichte der Menschheit war der Geruchssinn immer einer der stärksten Faktoren des menschlichen Verhaltens und Überlebens. Doch heute sind sich die meisten von uns weder darüber bewußt, daß der Geruchssinn eines der besten Kommunikationsmittel ist, das wir besitzen, noch daß er nach der Geburt eine der ersten Möglichkeiten darstellt, eine Beziehung zu der neuen Welt aufzubauen. Ein Neugeborenes holt zuerst einmal tief Luft, um die vielen Gerüche in der Luft einzuatmen, und da sein Augenlicht noch sehr schwach ist, erkennt es mit Hilfe seines Geruchssinns die Mutter und die Geborgenheit, die sie repräsentiert.

Bei urzeitlichen Völkern war der Geruchssinn genauso wichtig, wie er es noch für die meisten Tierarten ist, erst die sogenannte ›Zivilisation‹ hat dazu geführt, daß wir seine Bedeutung mehr und mehr ignorieren.

Pheromone

Sowohl der Mensch als auch Tiere produzieren wohlriechende Substanzen, die man Pheromone nennt (der Name setzt sich aus den griechischen Worten ›pherein‹ = leiten und

›hormon‹ = anregen zusammen) und die zur Identifizierung, gegenseitigen Anziehung und – bei Tieren – zur Markierung von Territorien dienen.

Menschliche Pheromone gleichen in ihrer chemischen Zusammensetzung den Hormonen, die von den endokrinen Drüsen abgesondert werden, von dort in den Blutkreislauf gelangen und alle möglichen körperlichen Veränderungen auslösen. Tatsächlich jedoch werden sie in den apokrinen Drüsen gebildet (diese sind nicht zu verwechseln mit den talg- und schweißproduzierenden Drüsen, die sich direkt unter der Haut, vorwiegend in der Brustgegend, unter den Armen sowie im Anal- und Genitalbereich befinden).

Wir alle verströmen Pheromone, die sowohl von Tieren als auch von unseren Mitmenschen – die sich jedoch häufig nicht über deren Einfluß bewußt sind – wahrgenommen werden. Bei Tieren dienen Pheromone als eine Art Sprache. Mit ihrer Hilfe kommunizieren sie untereinander. Hunde, alle Katzenarten und die meisten anderen Tiere hinterlassen bestimmte Gerüche, um Botschaften über Territorium, Absicht, Geschlecht usw. zu übermitteln. Ein gejagter Fuchs, dessen Fährte von einer Meute Hunde verfolgt wird, versucht z. B. mehrmals hintereinander einen Fluß zu überqueren, um den Geruch seiner Fährte abzuschwächen. Oder er wird nach einer Schafherde oder anderen Tierrudeln Ausschau halten, um sich unter sie zu mischen und damit seine Geruchsidentität zu verlieren.

Angehörige primitiver Stämme beschmierten ihre Haut mit Tiergerüchen, um ihre eigenen Pheromone zu tarnen und zu verhindern, daß sie von Feinden erkannt wurden. Dieser Brauch stammt vermutlich aus Beobachtungen der Tierwelt. Wenn man sich mit den Sitten urzeitlicher Völker beschäftigt, entdeckt man, daß sie ihren Geruchssinn tatsächlich in erheblich größerem Ausmaß genutzt haben, als wir das heute tun. Diese Nutzung stand ohne Zweifel in Verbindung mit der vollen Entfaltung der anderen Sinne – Sehen, Hören und Tasten. Der Urmensch roch am Boden, um festzustellen, ob vor ihm bereits jemand denselben Weg benutzt hatte – der Sinn dieser Maßnahme liegt darin, daß sich an der Fußsohle mehrere apokrine Drüsen befinden und die Moleküle der Pheromone dafür bekannt sind, daß sie bis zu fünfzehn Tage lang auf der Erde haften bleiben.

Nordamerikanische Indianerstämme pflegten nicht nur diesen Brauch bis vor verhältnismäßig kurzer Zeit, sondern waren auch bekannt für die Fähigkeit, den Körpergeruch eines toten Menschen bis zu einer Entfernung von fünfzehn Kilometern wahrzunehmen. Vielleicht liegt der Grund, daß wir unseren Geruchssinn nicht mehr nutzen darin, daß wir ihn als primitive Funktion betrachten, die der Tierwelt und nicht der zivilisierten Menschheit vorbehalten bleibt. Möglicherweise hat auch der aufrechte Gang etwas damit zu tun. Was auch immer der wahre Grund ist, wir müssen jetzt wiederentdecken, welche Bedeutung Pheromone in unserem Leben haben. Ein Großteil der Hinweise, daß Gerüche die Funktion von Botschaften haben und unser Verhaltensmuster beeinflussen, stammt aus den Beobachtungen von Tieren.

Pheromone haben bei Tieren eine Vielfalt wichtiger Funktionen. Zum einen dienen sie der sexuellen Anziehung, was man am besten beim Nachtpfauenauge beobachten kann – das Männchen wird an seinem Geruch aus etlichen Kilometern Entfernung erkannt –, und zum anderen dem Überleben und der gesunden Fortpflanzung der Spezies, da unterschiedliche Tierarten jeweils eigene Pheromone produzieren. Forschungsergebnisse zeigen, daß auch Männer und Frauen auf Pheromone sexuell ansprechen (in der Regel haben die männlichen Pheromone ein moschusartiges Aroma, während die weiblichen Pheromone, trotz ähnlicher

Zusammensetzung, meist feiner und vielleicht etwas süßlicher riechen).

Die weiblichen Pheromone verändern sich im Verlauf des Monatszyklus, so daß ein Mann zur Zeit der Ovulation meist besonders empfänglich für weibliche Gerüche ist und sich von ihnen angezogen fühlt. Aufgrund der ständigen Schwankungen im weiblichen Hormonhaushalt steigt und fällt die weibliche Wahrnehmungsbereitschaft für männliche Pheromone periodisch. Ich kenne einen Mann aus Neuguinea, der ungeniert mit einem Taschentuch, das er zuvor unter seine Achselhöhle gepreßt hat, unter der Nase seiner Partnerin wedelt, um sie nach dem letzten Tanz in Leidenschaft zu versetzen. Es ist ferner bekannt, daß der weibliche Geruchssinn etwa zwei Tage nach einer Empfängnis bis etwa zum dritten Schwangerschaftsmonat abgeschwächt ist: wenn dieses Phänomen dazu genutzt werden könnte, eine Schwangerschaft festzustellen, wäre dies vermutlich angenehmer als einige der gängigen medizinischen Tests!

Ebenso wie die Zusammensetzung der menschlichen Pheromone durch hormonelle Schwankungen beeinflußt wird, können sich die Pheromone verändern, wenn wir Angst haben. Es gilt zwar als literarisches Klischee, doch es ist tatsächlich möglich, mit Hilfe des Geruchssinns zu erkennen, ob sich jemand ängstigt. Tiere ändern ihre Pheromone automatisch, sobald sie angegriffen werden oder Angst haben. Wird z. B. ein Ameisennest von einem Eindringling besetzt, beginnen einige Ameisen mit der Ausscheidung unterschiedlicher Pheromone; sobald die anderen Ameisen dies wahrnehmen, sammeln sie sich, um den unerwünschten Besucher abzuwehren.

Tiere können solche Gefühle bei Menschen erkennen: Pferde oder Hunde können riechen, wenn man nervös ist. Das ist auch der Grund, weshalb sich die Menschen in Kriegszeiten so nahestehen und einander beschützen. Der Geruchssinn kann uns vor allen möglichen Gefahren beschützen und hat mir bereits das Leben gerettet. Im Schlaf sind die meisten menschlichen Sinne geschwächt, nur der Geruchssinn nicht. Er behält seine Schärfe vierundzwanzig Stunden lang, Tag und Nacht.

Dieser Umstand ist für das Überleben von Naturvölkern sehr wichtig, denn selbst wenn sie völlig wehrlos schlafen, haben sie die Gewißheit, die bedrohliche Gegenwart eines Fremden oder Tieres sofort wahrzunehmen. Obwohl wir zu unserer Sicherheit die Möglichkeit haben, Türen zu verschließen, ist die Fähigkeit, ungewöhnliche und eindringliche Gerüche wahrzunehmen, sehr wertvoll. Bereits zweimal hat mich mein Geruchssinn nachts vor Feuer gewarnt, und ich wurde rechtzeitig wach, um das Leben meiner Familie und mein eigenes zu retten. Doch auch tagsüber ist es sehr wichtig, daß man auf ausströmendes Gas oder giftige Dämpfe aufmerksam wird und rechtzeitig reagiert, um der drohenden Gefahr zu entkommen. Interessanterweise wird der Geruchssinn oft betäubt, wenn man krank ist. Dies ist nicht nur bei einer Erkältung oder Grippe der Fall, sondern auch bei Erkrankungen, die nicht unmittelbar den Bereich der Nase beeinträchtigen. Darüber sollten wir uns stets bewußt sein.

Geruchssinn und Psyche

Aus was bestehen Düfte und wie kommt ihre intensive Wirkung auf das Verhalten, die Stimmung und die Funktionen des Körpers zustande?

Unter Gestank verstehen wir gewöhnlich etwas ziemlich Unangenehmes, während ein Geruch neutral, d. h. weder besonders angenehm noch unangenehm ist. Mit dem Wort

Duft charakterisieren wir ein Parfum oder die Fährte eines Tieres. Im Grunde aber handelt es sich dabei immer um dasselbe, um wohlriechende Substanzen, die sich aus flüchtigen Molekülen zusammensetzen, die sowohl in der Luft als auch im Wasser vorkommen können.

Die Analyse oder Wissenschaft von Gerüchen nennt man Osmologie (aus dem Griechischen ›osme‹ = Geruch), und wohlriechende Substanzen oder Düfte sind als Osmyle bekannt. Anders als Licht und Geräusche wurde der Geruch von Wissenschaftlern nicht in meßbare Einheiten eingeteilt – vielleicht weil der Mechanismus der Geruchswahrnehmung noch immer rätselhaft ist. Die Wahrnehmung von Duftmolekülen erfolgt über ein Bündel hochsensitiver Nervenzellen, die sich an den äußeren Membranen des Nasenganges (Nasenlöcher) befinden. Diese Nervenzellen bilden das Geruchsorgan, das bei Menschen nicht größer als ein Daumenabdruck ist. Bei Tieren hingegen kann dieses Organ zehn- bis tausendmal größer sein und ist daher auch wesentlich besser ausgeprägt als der menschliche Geruchssinn. Dabei ist unser Geruchssinn etwa zehntausendmal feinfühliger als unser Geschmackssinn. Da jeder Nerv innerhalb der Nase eine winzige Abzweigung des Gehirns ist, wird die Information über einen bestimmten Geruch unglaublich schnell übertragen, während die Ermittlung eines Geschmacks, eines Geräusches oder einer Berührung viel länger dauert. Die Wahrnehmungskraft des Geruchssinns ändert sich im Lauf unseres Lebens, da wir ihn nicht immer im selben Ausmaß nutzen. Babies verlassen sich sehr stark auf ihr Geruchsorgan, es hilft ihnen bei der Nahrungssuche, die Pheromone der Mutterbrust sowie den süßen Duft der Muttermilch zu erkennen. Auch im weiteren Verlauf der Kindheit reagieren sie spontan auf unterschiedliche Gerüche. Studien zeigen, daß Kinder mit einem scharf ausgeprägten Geruchssinn oft einen hohen

Intelligenzgrad besitzen. Natürlich können Kinder nicht zwischen guten und schlechten Gerüchen unterscheiden und übernehmen ihr Urteil, ob ein Geruch angenehm oder unangenehm ist, meist von Eltern oder Schulfreunden. Und doch haben Untersuchungen gezeigt, daß kleine Kinder sehr gern Erdbeer- und Vanillegeruch mögen. Zu meinem Entsetzen entdeckte ich, daß viele Hersteller daraus Kapital schlagen, indem sie den Gummi, aus dem Kinderpuppen hergestellt werden, mit künstlichem Erdbeerextrakt parfümieren. Ich befürchte, daß sich die derzeitige Modeerscheinung, Gegenstände wie Radiergummis und T-Shirts mit naturidentischen Aromastoffen zu parfümieren, letztendlich gefährlicher auswirken kann, als das Schnüffeln von Klebstoff. Sogar Babynahrung wird mit künstlich erzeugten Aromastoffen versetzt. Die Hersteller wollen damit die falsche Vorstellung erzeugen, der natürliche Gehalt an Birnen und Äpfeln sei höher als es tatsächlich der Fall ist.

Im Alter zwischen zehn und achtzehn Jahren entwickeln Kinder eine Vorliebe für den Duft von Orangen, Moschus, Erdbeeren und Vanille. Doch erst ab dem zwanzigsten Lebensjahr verfeinert sich der Geruchssinn, und es bilden sich individuelle Vorlieben und Abneigungen gegenüber verschiedenen Geruchsrichtungen. Das führt soweit, daß jemand bei zwei Duftnoten, die allgemein als angenehm empfunden werden – sagen wir Nelke und Rose –, die eine besonders mag, die andere hingegen verabscheut. Diese individuelle Empfindungsweise spielt eine wichtige Rolle bei der Wahl unserer Freunde und der Umgebung, die uns glücklich stimmt, oder wenn wir für zu Hause Blumen aussuchen usw. (interessanterweise sprechen Männer mehr auf komplexe Kompositionen aus Gewürz- und Blumendüften an, während Frauen mehr zu einfachen Düften tendieren). Ein anderer verblüffender Aspekt ist, daß Gerüche oder Düfte die Fähigkeit besitzen, Erinnerungen in uns wachzurufen – dabei handelt es sich nicht um visuelle Eindrücke vergangener Ereignisse, sondern auch um die Empfindung der damals erlebten Gefühle. Ich werde beispielsweise nie den Duft vergessen, den das Parfum meiner Mutter verströmte, Rose von Rochas. Dieser Duft wirkt noch heute beruhigend und tröstlich auf mich, denn ich assoziiere damit die Vorstellung, wie meine Mutter die Treppe heraufkommt und uns Kindern einen Gute-Nacht-Kuß gibt.

Dagegen erinnert mich der Geruch von Gitanes-Tabak an meinen Vater, denn er haftete an seinen Haaren, seiner Haut und seinen Kleidern. Wenn ich diesen Geruch einatme, fühle ich mich sicher und geborgen.

Warum versuchen Sie nicht auch Erinnerungen wachzurufen, indem Sie an bestimmte Gerüche denken? Schließen Sie die Augen und denken Sie daran, wie Sie das erste Mal das Meer sahen. Konzentrieren Sie sich auf den Geruch von Salz und Algen – er wird ein Gefühl der Freude und des Glücks auslösen. Versuchen Sie das Aroma von Landluft heraufzubeschwören, den Geruch von Bauernhöfen, Hühnern und Kühen, von Korn- und Weizenfeldern, den Geruch von Pinienwäldern. Unternehmen Sie eine Reise in die Vergangenheit, und erinnern Sie sich an Ihren ersten Schultag. Vermutlich empfinden Sie eine Mischung aus Erwartung, Furcht und Aufregung, wenn Sie sich den Geruch der hölzernen Pulte und Wandtafeln ausmalen. Denken Sie an Ihre erste Liebe und an die Blumen, die Sie bekamen. Solche Gerüche wecken freudige Empfindungen. Dichter und Schriftsteller ließen sich oft von Düften inspirieren. Als Proust z. B. in Paris lebte, reiste er hundert Kilometer weit bis in die Normandie, um den Duft von Äpfeln einzuatmen. Es ist auch interessant, daß immer wieder bestimmte Düfte eine Rolle spielen, wenn in Gedichten oder Romanen von Liebe die Rede ist.

Für mich stellt ein scharf ausgeprägter und anspruchsvoller Geruchssinn ein unglaublich wertvolles Besitztum dar, und ich schätze mich glücklich, damit geboren worden zu sein. In meiner Jugend konnte ich die Freundinnen meiner Mutter an dem Geruch erkennen, den sie im Korridor hinterließen. Eine dieser Freundinnen betrachtete ich mit Argwohn. Ich bin sicher, daß mich ihr Geruch feindselig stimmte, obwohl ich damals noch nichts davon verstand. Etwa sieben Jahre später erfuhr ich von meiner Mutter, daß sie heimlich von meiner Milchration getrunken (es war während des Krieges) und sie mit Wasser aufgefüllt hatte ...

Nicht umsonst gibt es ein französisches Sprichwort »Je ne peux pas le sentir«, das heißt »Ich kann ihn nicht riechen« und bedeutet soviel wie »Ich vertraue ihm nicht« oder »Ich mag ihn nicht«. Es bleibt offensichtlich in unserer Erinnerung haften, wenn wir anhand unseres Geruchssinns entscheiden, ob wir die Pheromone eines anderen mögen oder ablehnen.

Die Bedeutung des Geruchssinns in der heutigen Zeit

Ich empfinde es als Schande, daß wir in der heutigen Zeit davon besessen sind, gerade solche Gerüche, mit denen wir andere Menschen anziehen – die Pheromone –, wegzuwaschen. Wir halten sie uns vom Leib, indem wir ein Deodorant benutzen und ersetzen sie durch Parfum. Dafür gibt es natürlich einen Grund: ständig erfahren wir über die Medien, daß die Ausscheidungen, die wir produzieren, unangenehm riechen. Wir sind erfüllt von der Furcht, unrein zu sein, wenn wir nichts dagegen unternehmen. Das ist natürlich eine schreckliche Verdrehung der Wahrheit: erstens weil sich Pheromone innerhalb einer halben Stunde erneuern und zweitens, weil unsere Pheromone weder unrein noch unangenehm sind. Im Gegenteil, sie besitzen eine äußerst verlockende Wirkung, weshalb Parfum-Hersteller in ihren Kreationen auch Extrakte aus Tierdrüsen, wie z. B. der Zibetkatze, der grauen Ambra und des Moschustiers verwenden. Man weiß, daß diese Substanzen unseren Geruchssinn aufgrund ihrer Ähnlichkeit mit menschlichen Sekretionen ansprechen. So besaß z. B. der exzentrische Maler Salvador Dali die Gewohnheit, Exkremente einer männlichen Ziege in sein Taschentuch zu wickeln, bevor er abends ausging. Er galt, was Frauen betraf, als unwahrscheinlich attraktiv und erfolgreich. Die ungewöhnliche Methode seiner nächtlichen Vorbereitungen schien dies zu unterstützen.

Ich finde, daß die Idee von Parfumherstellern und Dufterzeugern, die natürlichen menschlichen Gerüche durch künstliche Aromen zu ersetzen, nicht nur von schlechtem Geschmack zeugt, sondern ich bin mir auch ziemlich sicher, daß sie schädlich ist. Da Rohstoffe meist zu teuer sind, werden synthetische Ersatzstoffe verwendet. Das häufige Auftreten quälender Hautallergien und Ausschläge, unter denen heutzutage so viele Menschen leiden, ist in Anbetracht dieser Tatsache nicht weiter verwunderlich. Ich bin sicher nicht allein mit meiner Behauptung, daß uns viele Gerüche, die von Menschenhand kreiert wurden, nicht besonders guttun. Auch die von Industrie und Fabriken erzeugten Dämpfe stellen eine ständige Belastung des Körpers dar und führen zu Krankheiten. Die schadhafte Wirkung von Smog und bleihaltigem Benzin ist wohlbekannt. Bedauerlicherweise versuchen wir viele unangenehme Gerüche mit handelsüblichen synthetischen Blumensprays zu tarnen, was die Sache nur noch schlimmer macht. Ich habe gehört, daß bei der Produktion dieser ›Lufterfrischer‹ chemische Zusammensetzungen mit narkotischen Eigenschaften verwendet werden wie Glyoxal. Durch die Anwendung wird der Geruchssinn für über eine Stunde gelähmt. Dabei werden Störungen der Bronchienfunktion verursacht und eine Reihe von Atembeschwerden, wie Asthma, hervorgerufen. Außerdem werden hochpotente Duftmoleküle beigesetzt, deren Wirkung so intensiv ist, daß andere Gerüche buchstäblich übertüncht werden. Man erhält den Eindruck, die ursprünglichen Gerüche seien verschwunden, obwohl sie noch immer vorhanden sind und lediglich durch andere – meiner Meinung nach gesundheitsschädliche – Gerüche unterdrückt werden. Kein Wunder also, daß sie in uns Ekel erregen können. Weitere schädliche Chemikalien, die man oft in aerosolhaltigen Möbelsprays, Glasreinigern usw. findet, enthalten Chlorin, Ammoniak und Formaldehyd. Auch diese Stoffe betäuben den Geruchssinn. Aufgrund ihrer Reizwirkung können sie Allergien und Hautausschläge hervorrufen, die ebenso ernst zu nehmen sind wie ein schlimmer Sonnenbrand.

Der Geruchssinn ist ein wichtiges Organ, und wir alle könnten davon profitieren, wenn wir uns über seine Bedeutung im täglichen Leben bewußt wären. Ich behaupte sogar, daß eine Umerziehung des Geruchssinns dringend nötig ist. Wie in der Schule sollten wir lernen, gute von schlechten Gerüchen zu trennen, und Gerüche, die uns guttun von solchen, die uns möglicherweise schaden, zu unterscheiden. Die Aromatherapie – wörtlich Therapie mit Düften – weist uns die Richtung auf dem langen Weg dieser Umerziehung.

2. Kapitel

Die
geschichtliche Bedeutung
aromatischer Substanzen

Um uns mit angenehmen Aromen zu umgeben, sollten wir uns auf die Natur – auf Bäume, Blumen und Pflanzen – zurückbesinnen, anstatt unseren Geruchssinn an billige naturidentische Aromastoffe zu gewöhnen. Hippokrates ist bekannt für seine Worte »Die Natur hält für jedes Leiden ein Heilmittel bereit«, und ich bin stark davon überzeugt, daß er recht hatte. Das Pflanzenreich hält eine wahre Vorratskammer an Arzneimitteln bereit und appeliert dabei an unseren Geruchssinn. Obwohl die Natur uns mit einer Fülle von Heilmitteln versorgt, verlangt sie für ihre Dienste keine Entlohnung. Wenn Tiere krank sind, suchen sie instinktiv nach den entsprechenden Pflanzen, die sie gesund machen. Nach dem gleichen Prinzip entdeckten primitive Völker, daß der Verzehr bestimmter Pflanzen das Wohlbefinden beeinflußte. Dieser Lernprozeß vollzog sich zwar langsam, doch das Wissen um die Wirkung der verschiedenen Pflanzen wuchs stetig und befähigte den urzeitlichen Menschen dazu, Krankheiten und Wunden, an denen er und seine Familie litten, zu kurieren. Das erklärt auch, weshalb Pflanzen und Blumen damals so verehrt wurden. Man war davon überzeugt, daß jede Pflanze eine Seele besäße und daß Gott in Bäumen wohne. Zweifellos war der Geruchssinn auch eine große Hilfe dabei, vor allem Pflanzen, die sich äußerlich gleichen, voneinander zu unterscheiden. Man begann sie zu unterteilen in Pflanzen mit heilsamer oder tödlicher Wirkung und Pflanzen, die Nahrung liefern. Die ersten Berichte über diese Klassifizierungen findet man in den Höhlen von Lascaux in der Dordogne. Laut Archäologenfunden gehen die Höhlengemälde bis etwa 18 000 v. Chr. zurück. Sie wurden mit natürlichen Sepia- und Ockerfarben an die Höhlenwände gemalt und berichten über die medizinische Verwendung von Pflanzen. Ich hatte das Glück, die Höhlen 1950 − etwa ein Jahrzehnt nach ihrer Entdeckung − zu besichtigen, als die Zeichnungen noch vollkommen erhalten waren. Im Lauf der Zeit zeigten sich aufgrund der zunehmenden Luftverschmutzung Beschädigungen, und die Höhlen wurden 1963 geschlossen.

Obwohl man wußte, daß Pflanzen in der frühen Medizin eine übergeordnete Rolle spielten, hat erst gegen Ende des letzten Jahrhunderts ein französischer Wissenschaftler, Professor Gattefossé, den Begriff der ›Aroma-Therapie‹ geprägt. Er bezeichnete damit den therapeutischen Gebrauch wohlriechender Substanzen, die aus Blumen, Pflanzen und aromatischen Büschen gewonnen werden. Die Anwendung erfolgt entweder innerlich durch Inhalieren oder äußerlich durch Umschläge auf der Haut. Marguerite Maury − eine Kapazität auf dem Gebiet der Aromatherapie − bezeichnete die aromatischen Pflanzenextrakte später als ›reinste Form der Lebenskraft‹, die den Menschen zur Verfügung steht.

Die alten Ägypter

Wie man weiß, spielten aromatische Substanzen bei den medizinischen Praktiken der Hebräer, Griechen, Araber, Chinesen und Inder eine wichtige Rolle. Doch meiner Meinung nach wurde die Aromatherapie in der Epoche der alten Ägypter geboren, denn die Aromatherapie gehörte zu ihrem Lebensstil. In Berichten, die bis 4500 v. Chr. zurückgehen, wird

29

die medizinische Anwendung von balsamischen Substanzen, Parfümölen, duftenden Rinden und Harzen, Gewürzen sowie aromatischem Essig, Wein und Bier auf den Gebieten der Medizin, Liturgie, Astrologie und Einbalsamierung beschrieben. Im Tempel von Edfu wurden Hieroglyphen auf Papyrusrollen gefunden, die darauf hinweisen, daß Hohepriester und Alchimisten aromatische Substanzen nach bestimmten Rezepten gemischt haben, um Parfum und Arznei herzustellen. Die Papyrusrollen von Ebers enthalten eine Reihe von Rezepten für aromatische Mischungen zur Heilung einer Fülle verschiedener Krankheiten und deuten auf die weitverbreitete Anwendung der Aromatherapie in der Arzneimittel- und Krankheitslehre hin. Auf den Papyrusrollen von Edwin Smith finden sich zudem auch Rezepte zur Wiederherstellung der Jugendlichkeit bei älteren Menschen. Wir erfahren z. B., daß ägyptische Ärzte Heuschnupfen mit einer Mischung aus Antimon, Aloe, Myrrhe und Honig behandelt haben. Es ist interessant, daß die Ägypter zudem auch sehr versiert in der Kunst der Empfängnisverhütung waren: Sie empfahlen zu diesem Zweck eine Mischung aus Akazie, Koloquinten, Datteln und Honig herzustellen und diese in die Vagina einzuführen. Durch Vergärung bildet sich Milchsäure, von deren spermatötender Wirkung man auch heute weiß. Inmitten prächtiger Tempel errichteten die Hohenpriester eigene Laboratorien. Dort gewannen sie aus zermahlener Baumrinde und destillierten Blumen die Zutaten für ihre aromatischen Arzneien, deren Formeln sie streng geheim hielten. So wurden z. B. Kümmelkörner, Arnikawurzeln, Zedernholzrinde und Weihrauchharz in Wein oder Öl eingelegt, wobei sich allmählich duftende Substanzen bildeten und die Flüssigkeit durchdrangen. Diese wurde entweder getrunken oder im Rahmen religiöser Zeremonien verbrannt. Auch waren die ägyptischen Priester Meister in der Herstellung von Extrakten. Man nannte diese hochentwickelte Methode ›enfleurage‹. Mit Hilfe von Sesamkörnern wurden dabei duftende Moleküle von Blumen- oder Pflanzenblättern absorbiert. In einigen Teilen Indiens findet diese Technik auch heute noch Anwendung. Eines der beliebtesten Parfums hieß ›kyphi‹, eine Mischung aus sechzehn verschiedenen Essenzen, und wurde häufig bei religiösen Zeremonien verwendet. Plutarch schrieb darüber: »Man atmet den Duft dieses Parfums durch die Nase ein, und er durchdringt den ganzen Körper. Man fühlt sich wohl und entspannt, der Geist beginnt zu schweben, und man befindet sich in einem traumähnlichen Zustand des Glücks, so als würde man schöne Musik hören.« Ich möchte hier betonen, daß man beim Inhalieren von ›kyphi‹ – anders als beim Gebrauch von bewußtseinserweiternden Drogen oder Alkohol – geistig rege und verantwortungsbewußt bleibt, auch wenn man sich danach fühlt, als hätte man sich in einer anderen Bewußtseinsstufe befunden. Deshalb wurde es oft von Hohenpriestern und Pharaonen bei der Meditation inhaliert. Diese Praktik wurde vielfach schriftlich belegt. Auch Weihrauch war beliebt, weil man davon überzeugt war, er könne die geistige Wahrnehmung anregen, das Bewußtsein erweitern und zur Entwicklung psychischer Kräfte beitragen. Durch ihre Fähigkeit, geistige Störungen wie Depressionen, Manie und akute Nervosität zu heilen, agierten die Hohenpriester auch als spirituelle Heiler. Das zeigt, daß ihr Wissen über die Wirkung unterschiedlicher Aromen auf die Psyche unglaublich fundiert war.

Abbildungen an Tempelwänden sowie auf Grabplatten und Statuen gemeißelte Hieroglyphen zeugen von der Beliebtheit der Lotusblume zur Zeit der alten Ägypter. Sie galt in Ägypten als heilige Blume, den ägyptischen Sagen zufolge war sie die erste lebende Erscheinung auf Erden; als sich ihre Blätter entfachten, offenbarte sich ihr der höchste Gott, der die Herrschaft über den Geist repräsentierte. Die Lotusblume gedieh im Überfluß an den Ufern des Nils, doch viele andere Pflanzen- und Blumenarten mußten aus Somalien, Malaysien, Indien und sogar aus dem weit entfernten China importiert werden, wie die blaue Orchidee, die wegen ihres reichhaltigen Aromas hochgeschätzt war. Da einige Blumensorten sehr teuer waren, handelte es sich dabei meist um höchst geheimnisvolle Geschäfte.

Unter der Herrschaft von Königin Hatschepsut (1490 bis 1468 v. Chr.), des einzigen weiblichen Pharaos, florierte dieser Handel. Sie verehrte feine Parfums und förderte den Gebrauch von Kosmetika und dem kräftigen Augen-Make-up, das man mit den alten Ägypterinnen assoziiert.

Nicht selten wurden mehrere tausend Kilogramm Pflanzen zur Herstellung von Duftölen destilliert, die anschließend in Tempeln verbrannt wurden. An bestimmten Tagen wurden die Götterstatuen mit Parfümöl bedeckt. Jeder Gottheit wurde ein eigener Duft zugeteilt – Estragon für Isis, Gemeiner Andorn für Orus, Majoran für Osiris – und wenn die Pharaonen von den Göttern einen Gefallen erbaten oder ihnen für gewonnene Schlachten dankten, verbrannten sie die aromatischen Öle als Opferdarbietung.

Angesichts der prächtigen Juwelen, Gebäude und Gemälde, kann man sich leicht vorstellen, wie kultiviert auch die Wissenschaft der Aromatherapie im alten Ägypten war. Überlieferungen von Hieroglyphen zeigen, daß das Vokabular für die Nase ausgesprochen umfangreich war. Ebenso umfassend war der auf die vielen verschiedenen Aromen von Pflanzen angewandte Wortschatz, die man nach ›Noten‹ klassifizierte. Um ein Parfum zu kreieren, mixten die in der Parfumherstellung bereits erfahrenen Hohepriester (oder Parfumiers) etliche miteinander harmonisierende Duftnoten, vergleichbar mit der Komposition eines Musikstücks. Jeder Pharao und seine Familie besaß mehrere verschiedene Parfums, die eigens für ihn ›komponiert‹, und auf bestimmte Tageszeiten oder Gelegenheiten abgestimmt wurden. Man glaubte, daß Parfums die Kraft besitzen, Gefühle zu wecken oder zu intensivieren. Ein Duft für den Krieg oder eine Schlacht sollte Aggressionen erregen, während ein Parfum für die Meditation einen ruhevollen Zustand begünstigen sollte.

Für die Ägypter symbolisierten also unterschiedliche Blumen verschiedene Dinge, und so wie wir uns Telegramme oder Karten zusenden, um bei Krankheit gute Besserung zu wünschen oder als Zeichen der Zuneigung, schickten sie sich die entsprechende Blume – was ich für eine schöne Idee halte.

Auch der Einbalsamierer, eine weitere wichtige Figur im alten Ägypten, war äußerst bewandert, was Blumen und Pflanzen angeht. Er kannte ihre natürlichen antiseptischen und antibiotischen Eigenschaften, die man zum Konservieren von menschlichen Körpern einsetzen konnte. Bei der Einbalsamierung hatte jeder sein eigenes Rezept und hütete es sorgsam. Auf den Bandagen der Mumien hat man Spuren von Harz, wie z. B. Galbanum, und Gewürzen wie Nelke, Zimt und Muskat gefunden. Konservierungsmittel dieser Art waren offensichtlich äußerst wirksam. Bei genauerer Untersuchung unter einem Mikroskop entdeckte man, daß Teile des Darms auch nach mehreren tausend Jahren noch vollkommen erhalten waren.

Der Vorgang des Einbalsamierens ist wirklich faszinierend, wenn man auch stellenweise das Gefühl hat, es dreht einem den Magen um. Herodotus lüftete das Geheimnis und beschrieb die Methode: Der Einbalsamierer benutzte einen feinen Stock, der am Ende mit einem Haken versehen war, um Teile des Gehirns durch die Nasenlöcher zu entfernen, bevor er eine Mischung aus aromatischen Kräutern und Lösungsmittel in die Hohlräume injizierte. Dann öffnete er den Leib mit einem gewetzten Stein aus Äthiopien und entfernte sämtliche Eingeweide, die anschließend mit duftendem Palmenwein gewaschen wurden. Der Leib wurde darauf mit Myrrhe, Galbanum und anderen Gewürzen gefüllt und zugenäht. Die Eingeweide durchwanderten vier verschiedene Tongefäße, während der Körper in Natron eingelegt wurde. Nach siebzig Tagen wurde er in Bandagen eingewickelt, die vorher mit duftendem Harz getränkt wurden.

Dieser Vorgang dauerte manchmal bis zu sechs Monaten, dann war der Körper bereit, um in die vielen verzierten Särge, und schließlich in den Sarkophag eingeschlossen zu werden. Solch eine komplizierte und langwierige Bearbeitung war den Hohepriestern und Pharaonen vorbehalten, während bei Menschen niederer Herkunft eine wesentlich einfachere Methode angewandt wurde.

Hohepriester, Ärzte und Einbalsamierer galten zwar als Experten auf dem Gebiet der Aromatherapie, doch auch die einfachen Ägypter wußten, wie wertvoll die Verwendung von aromatischen Substanzen z. B. in der Küche ist. Um das Hirse- und Gerstenbrot leichter verdaulich zu machen, würzten sie es mit Kümmel, Koriander und Anissamen. Auch Minze, Majoran und Petersilie fanden häufige Anwendung. Zwiebeln traten vielfach anstelle von Fleisch, und neben dem Grabmal einer Mumie lag stets eine Zwiebelknolle. Knoblauch war sehr geschätzt wegen seiner bakteriziden Eigenschaften und wurde oft verwendet, um die allgegenwärtige Bedrohung durch Epidemien abzuwehren. Aus der Übersetzung einer Inschrift der Cheops-Pyramide von 4500 v. Chr. kann man entnehmen, daß die Sklaven von ihrem Herrn jeden Morgen eine Knoblauchzehe erhielten. Dies diente zur Erhaltung ihrer physischen Kraft und Gesundheit, die sie zum Bau der Pyramide benötigten.

Die Bedeutung von aromatischen Substanzen heute

Auch im heutigen täglichen Leben findet die Aromatherapie rege Anwendung, wobei dies oft unbewußt geschieht. Wir bringen einem kranken Freund Blumen oder eine Pflanze; wir setzen uns zur Entspannung gerne in die Nähe eines Rosengartens oder unter einen Lindenbaum, denn unterbewußt spüren wir die beruhigende Wirkung der Düfte auf unsere Nerven.

Wir verwenden Ingwer oder Rosmarin in der Küche, und denken vielleicht nicht daran, daß dabei Aromen entstehen, die die Bildung von Magensäften anregen und eine gute Verdauung begünstigen. Auch Fleisch wird bekömmlicher, wenn man beim Kochen Kräuter verwendet, denn die freiwerdenden ätherischen Öle besitzen antibakterielle Eigenschaften und wirken allen möglicherweise enthaltenen Giftstoffen entgegen.

Wenn man an Grippe oder Erkältung leidet, reibt man die Brust mit Eukalyptus-Balsam ein, denn die aufsteigenden Dämpfe befreien den Kopf; zur Linderung von Husten oder Halsentzündung hilft meist ein gezuckertes Zimtgetränk. Um uns nach einem hektischen Tag zu entspannen und zu verwöhnen, verwenden wir duftende Badezusätze.

3. Kapitel

Ätherische
Öle

Wohlriechende Substanzen, die sowohl in wildwachsenden als auch in kultivierten Pflanzen enthalten sind, nennt man ätherische Öle. Man führt diese ätherischen Öle oft auf die ›Seele‹ der Pflanzen oder ihre Hormone zurück, doch man könnte sie auch mit den menschlichen Pheromonen vergleichen. Wenn man Lavendel- oder Rosmarinblätter zwischen den Fingern reibt oder zerdrückt, dringt das ätherische Öl in die Haut ein, und man kann das charakteristische Aroma riechen.

Die meisten Blumen, Samen, Rinden, Körner und Harze sowie Blätter enthalten ätherische Öle, gewöhnlich in ziemlich kleinen Mengen. Manchmal liefert eine Pflanze auch mehrere ätherische Öle. Beim Orangenbaum z. B. ist ein ätherisches Öl in der Fruchtschale oder -haut enthalten, das man Orange nennt; ein weiteres ätherisches Öl, Petit Grain genannt, stammt aus den Blättern und das dritte, unter dem Namen Neroli bekannte Öl, ist für den Duft der Blüten verantwortlich. Jede Essenz besitzt eine andere therapeutische Eigenschaft. Die kleinsten Blumen verströmen oft den stärksten Duft. Zu Beginn dieses Jahrhunderts versuchte man größere Pflanzenarten zu züchten und hoffte auf Blumen mit intensiverem Duft. Doch letztendlich wurde dabei weniger ätherisches Öl produziert, da die Pflanzen für das Wachstum der größeren Blüten auch mehr Energie benötigten, und somit scheiterten diese Versuche. Die Farbtiefe und -intensität von ätherischen Ölen ist sehr unterschiedlich. Während einige Öle fast farblos sind oder pastellfarbene Schattierungen aufweisen – Kamille ist bläulich, Basilikum ist grünlich und die bulgarische Rose ist blaß-pink –, besitzen andere Öle kräftige Farben: Patschouli ist braun, Veilchenblätter sind dunkelgrün und die Rose orangerot.

Ätherische Öle unterscheiden sich von anderen pflanzlichen Ölen – wie Sonnenblumenöl – dadurch, daß sie meist leichter sind als Wasser (außer Knoblauch und Zimt), und daß sie meist dünnflüssig sind (wobei einige eher dickflüssig und von honigartiger Konsistenz sind. Die Duftmoleküle sind aufgrund ihrer ungewöhnlich hohen Anzahl freier Elektronen besonders flüchtig und verdampfen schnell, vor allem bei Erwärmung. Es gibt einen Test, den Sie selbst durchführen können: man gibt ein paar Tropfen ätherisches Lavendelöl auf ein einfaches, weißes Blatt Papier. Der Fleck färbt sich schwach, und man kann beobachten, daß er in kurzer Zeit verschwindet. Die aromatischen Substanzen verdunsten und lösen sich in der Luft als Duft auf.

Herstellung ätherischer Öle

Es gibt eine Reihe von Möglichkeiten, aus Pflanzen ätherische Öle zu gewinnen. Die Methode der Herstellung spielt dabei eine entscheidende Rolle und beeinflußt letztendlich die Qualität und somit die therapeutischen Eigenschaften der Essenzen.

Mazeration

›Enfleurage‹ ist ein Beispiel für diese Methode und wird oft bei Blumen wie Jasmin und Tuberose angewandt. Dabei werden hochqualitative, völlig unbeschädigte Blüten oder Blütenblätter auf einem Tablett ausgebreitet und mit Fett oder pflanzlichem Öl übergossen.

Nach sechzehn bis siebzehn Stunden werden die Blüten in regelmäßigen Intervallen durch frische ersetzt, bis das Fett mit ihrem Duft gesättigt ist. Dieser Prozeß erfordert viel Geduld, denn es dauert oft bis zu drei Monaten, ehe die aromatischen Substanzen – in einem Vorgang, der ›Defleurage‹ heißt – mit Hilfe eines Lösungsmittels abgesondert und gereinigt werden können.

Ätherische Öle, die auf diese Art gewonnen werden, sind meist qualitativ besser und daher auch viel teurer, als solche Essenzen, die in einem Destillationsverfahren hergestellt werden.

Destillation

Das Verfahren der Destillation wird seit vielen tausend Jahren angewandt, um aus pflanzlichen Stoffen ätherische Öle herzustellen. Die alten Ägypter waren bekannt dafür. Sie füllten Rohstoffe mit etwas Wasser in ein großes Gefäß aus Ton. Über dem Gefäß wurden Baumwoll- oder Leinentücher befestigt, so daß der aufsteigende Dampf nicht gleich entweichen konnte.

Die ätherischen Öle wurden im Stoff dieser Tücher aufgefangen, und man mußte sie nur noch auspressen. Dieses Verfahren ist noch immer eine der gebräuchlichsten Methoden zur Extrakt-Herstellung: Man leitet Dampf – möglichst in einem Vakuum oder unter Druck – durch Blätter oder Blüten, so daß die ätherischen Öle verdunsten. Sobald der Dampf abgekühlt ist, schlagen sich die Essenzen nieder und – da sie nicht wasserlöslich sind – sondern sich ab und können leicht aufgefangen werden.

Auflösen

Manchmal ist es besser, man benützt ein flüchtiges Lösungsmittel wie Alkohol, um aus Gummi und Harz sowie Galbanum und Myrrhe Extrakte zu gewinnen. Werden jedoch frische Blumen und Pflanzen verarbeitet, kann man statt dessen
Äther und Benzin verwenden.

Pressen

Diese Technik ist nicht handelsüblich, doch man kann sie anwenden, um die ätherischen Öle aus Rinden und Obstscha-
len von z. B. Orangen und Zitronen auszupressen.

Von der Blume zum ätherischen Öl

Wenn man den Weg von der Lavendelblüte zum reinen ätherischen Öl betrachtet, wird man verstehen, warum die Qualität reiner Essenzen weit über der künstlicher Öle liegt, und
warum sie wesentlich teurer sind. Lavendel gehört zur Familie der Lippenblütler, die ebenso wie Pflanzen aus den
Kategorien der Doldenblütler, Myrthengewächse, Rautenge-
wächse, Lorbeergewächse, Terpentingewächse und Nadelge-
wächse besonders reichhaltig an ätherischen Ölen sind. Das
ätherische Öl sollte stark duftend und sehr angenehm sein,
die Farbskala sollte von Dunkelgelb bis zu dunklem Grün-
gelb reichen. Die Hauptbestandteile sind Ester, Linalyl und
Geranyl, Alkohole wie Gerianol, Linalol und Borneol sowie
Terpene wie Limene und Binene (s. im folgenden Kapitel ›Die
Zusammensetzung ätherischer Öle‹).

Schätzungsweise sind 200 kg frischer Blüten nötig, um 1 kg
ätherisches Öl zu gewinnen. Da Blumen für den Transport

nicht geeignet sind, muß die Extraktherstellung oft an Ort und Stelle ausgeführt werden, unmittelbar nachdem die Blumen gepflückt wurden.

Die Qualität des Öls ist abhängig von einer Reihe verschiedener sich gegenseitig beeinflussender Faktoren. Die Zeit des Pflückens ist sehr wichtig, und die Ernte sollte möglichst nach zwei Wochen beendet sein, denn durch eine Verzögerung gehen die duftenden Substanzen verloren. Wie bei Herstellung von Weinen, variiert die Qualität der ätherischen Öle von Jahr zu Jahr, es gibt gute und weniger gute ›Jahrgänge‹. Das ist nicht allzu überraschend, wenn man in Betracht zieht, daß das Klima, die Bodenverhältnisse, die geographische Lage, die Höhe – ob der Lavendel in einem abgeschiedenen Tal oder auf einem ungeschützten Berghang wächst – eine Rolle spielen und die Qualität des ätherischen Öls beeinflussen. Blumen, die in einem natürlichen Lebensraum wachsen, wie es in Teilen Persiens oder 750–1500 m hoch in den Alpen Südfrankreichs der Fall ist, liefern ein wesentlich feineres Parfum als Blumen, die z. B. in England angebaut werden. Aus diesem Grund ist der aus Frankreich stammende Lavendel reichhaltiger an Linolyl-Acetat, wodurch eine fruchtigere und süßere Note zustande kommt, als der kampferartige englische Lavendel mit seinem höheren Anteil an Lineol – folglich ist der französische Lavendel teurer.

Manchmal wird die Entscheidung bezüglich der Qualität eines Öls anhand seiner Farbe und seines Geruches erleichtert. Die besten Öle weisen eine dunkle oder grünlich-gelbe Schattierung auf.

Farblose und schal riechende Öle sehen allerdings weniger hübsch aus, deshalb werden manchmal auch noch andere Bestandteile beigesetzt, um sie zu verschönern, wobei jedoch bedauerlicherweise die therapeutischen Eigenschaften verringert werden.

Zusammensetzung ätherischer Öle

Ätherische Öle bestehen aus vielen verschiedenen organischen Molekülen, die in Alkohol, Öl, Äther oder Chloroform löslich sind. Das individuelle Aroma und die therapeutischen Eigenschaften jedes einzelnen Öls hängen von der Kombination und der Konzentration dieser molekularen Bestandteile ab, die unterschiedlichen chemischen Gruppen angehören.

Alkohole

Menthol in Minze; Linalol in Ylang-Ylang und Lavendel; Geraniol in Geranium und Rose; Nerol in Neroli und Orange; Borneol in Lavendel und Pinie.

Aldehyde

Zitral in Zitronengras und Mandarine; Benzoe in Benzoeharz und Lorbeer; Citronellal in Zitrone, Eukalyptus und Melisse; Vanillin in Vanille und Styrax.

Säuren

Cinnamsäure in Styrax; Benzoesäure in Ylang-Ylang.

Phenole

Eugenol in Gewürznelke; Safrol in Sassafras; Thymol in Thymian; Guajacol in Guajac.

Ester

Benzylazetat in Styrax; Linalyl in Bergamotte und Lavendel.

Azeton

Cineol in Eukalyptus; Jasmon in Neroli und Jasmin; Iron in Iris.

Terpene

Pinen in Zypresse; Camphen in Petit Grain und Wacholder; Terpineol in Koriander und Elemi; Phellandren in Zitrone und Salbei; Limonen in Zitrone, Möhre und Minze.

Ätherische Öle sind unglaublich komplexe Substanzen, denn es sind eine Reihe verschiedener Alkohole, Ester, Phenole usw. enthalten. Eukalyptus zum Beispiel setzt sich aus 250 unterschiedlichen Bestandteilen zusammen. Aus diesem Grund ist es fast unmöglich, reines Eukalyptusöl aus synthetischen Zutaten exakt zu reproduzieren. Der therapeutische Wert eines ätherischen Öls hängt auch weitgehend von der synergestischen Reaktion zwischen den einzelnen Molekülen ab, weshalb künstlich erzeugte Imitationen niemals die gleiche Heilkraft besitzen wie die natürlichen Essenzen.

Merkmale ätherischer Öle

Alle ätherischen Öle, ob sie aus Blumen, Früchten, Harzen oder Rinden stammen, besitzen mehr oder weniger antibiotische, antiseptische, entzündungshemmende und antivirale Eigenschaften.

Die alten Ägypter benutzten ätherische Öle zum Einbalsamieren, weil sie ihre Fähigkeit kannten, das Wuchern von Mikroben zu verhindern, durch die eine Zersetzung des Fleisches verursacht wird. Auch Hippokrates war sich über die antibakterielle Wirkung bewußt, denn als in Athen eine Pestepidemie ausbrach, drängte er die Stadtbewohner dazu, an den Straßenecken aromatische Pflanzen zu verbrennen, um sich zu schützen und ein weiteres Ausbreiten der Krankheit zu verhindern. Als die Pest Jahrhunderte später in England wütete (1665 – 1666) erklärte der Arzt von Charles II., daß jeder Haushaltsvorstand seine Räume mit aromatischen Essenzen ausräuchern sollte, um die Plage zu bekämpfen. Damals war es Brauch, zum Schutz Duftkugeln um den Hals zu tragen, die Knoblauch und Gewürznelken enthielten.

Sogar bis zum letzten Krieg wurden ätherische Öle aus Gewürznelken, Zitrone, Thymian und Kamille als natürliche Desinfektionsmittel und antiseptische Mittel benutzt, um die Wöchnerinnenstationen in Krankenhäusern auszuräuchern und Instrumente zu sterilisieren, die bei Operationen und in der Zahnheilkunde verwendet wurden.

Als Sir Alexander Fleming 1928 die antibiotische Wirkung des Penicillin entdeckte, wurde es noch in seiner ›natürlichen‹ Form verwendet. Es wurde von einer Schimmelpilzkultur abgesondert (etymologisch gesehen bedeutet antibiotisch ›gegen das Leben‹, damit ist die Fähigkeit, Bakterien zu zerstören, gemeint). Heutzutage wird kein natürliches Penicillin mehr benutzt, denn vor langer Zeit gelang es, seine Bestandteile zu identifizieren, und es wird heute in Laboratorien synthetisch erzeugt. Vielleicht liegt der Grund dafür, daß so viele Menschen auf Penicillin allergisch reagieren, was sich in Form von Ekzemen und Schwellungen äußert, darin, daß die Wirkung der künstlich erzeugten Arten erheblich stärker ist, als die des natürlich vorkommenden Penicillins. Obwohl das natürlich gewonnene Antibiotikum ebenso wie ätherische Öle langsam wirkt, tötet es nicht nur Bakterien oder Viren, sondern stimuliert auch das körpereigene Immunsystem und stärkt so die Abwehr gegen weitere Attacken. Dagegen ist die Einnahme von starken Medikamenten ähnlich wie das gewaltsame Öffnen einer Nuß, denn dabei werden nicht nur die schädlichen Bakterien getötet, sondern auch die nützlichen Bakterien, die im Darm vorkommen. Sie sind dafür verantwortlich, eine gute Verdauungsflora zu schaffen und tragen zur Produktion der erforderlichen Vitaminmenge des Vitamin-B-Komplexes bei.

Das Problem ist, daß der moderne Mensch eine sofortige Heilung erwartet und davon überzeugt ist, daß das einzig wirkungsvolle Antibiotikum synthetisch erzeugt wird und nur in Form von Pillen existiert. Deshalb fällt es vielen Leuten schwer, daran zu glauben, daß die aus Pflanzen gewonnenen ätherischen Öle tatsächlich genauso wirksam wie die synthetischen Antibiotika sind, wenn nicht sogar wirksamer. Es mag vielleicht länger dauern, bis ein Ergebnis sichtbar wird, doch in Anbetracht dessen, wie lange es dauert, bis sich die Symptome einer Krankheit äußern, ist es verständlich, daß sie nicht über Nacht wieder verschwinden. Es gibt schließlich keine Wunderheilungen.

Aufgrund weltweiter wissenschaftlicher Studien auf vielen verschiedenen Gebieten wurden von Ärzten, Medizinprofessoren, Chemikern und Biologen Labortests durchgeführt, die in zunehmendem Maße beweisen – und bestätigen –, daß ätherische Öle die Fähigkeit besitzen, eine Ausbreitung von schädlichen Bakterien zu verhindern. Bei einem dieser Tests werden beispielsweise einige Tropfen ätherisches Lavendelöl auf eine Mikrobenkultur geträufelt. Anhand der Zeit, die vergeht, bis die Bazillenansiedlung zerstört ist, erhält man Aufschluß darüber, wie stark die antiseptische oder antibiotische Wirkung des jeweiligen Öls ist.

Es sind bestimmte molekulare Bestandteile, die ätherischen Ölen ihre antibakterielle Wirkung verleihen, wobei die Wirksamkeit dieser Moleküle variiert. Phenol beispielsweise hat die stärkste Wirkung, und da der Spanische Oregano zu 80 %

aus Phenol besteht, ist sein ätherisches Öl ein kräftiges antibiotisches und antiseptisches Mittel, wie auch Eukalyptus, Gewürznelke, Niaouli, Thymian, Sandelholz, Zitrone, Zimt, Lavendel und Minze. Es folgen die Aldehyde, Alkohole, Ester und schließlich die Säuren, die jedoch die Wirksamkeit verringern. Ich möchte betonen, daß die rein ätherischen Öle in ihrer Wirksamkeit um einiges stärker sind als z. B. reines Phenol, da – wie ich zuvor bereits erwähnte – die Gegenwart anderer Moleküle die Wirkung eines Öls verstärkt.

Glücklicherweise müssen wir heutzutage nicht mehr – wie früher – gegen Epidemien wie die Pest ankämpfen. Doch wir leiden häufig an Erkältungen und Grippe, was besonders während der Wintermonate sehr entkräftigend sein kann. Um solche Erkrankungen entweder fernzuhalten oder deren Symptome zu bekämpfen, sind ätherische Öle oft besonders hilfreich. Eine weitere nützliche Eigenschaft der ätherischen Öle ist die Fähigkeit, Entzündungen und Schwellungen zu lindern. Auch die Ägypter kannten diese Eigenschaft, wogegen sie die pflanzlichen Essenzen nach Farbton und Temperatur unterschieden und nicht nach der molekularen Zusammensetzung. Sie bezeichneten ein Öl als heiß oder kalt, dunkel oder hell, feucht oder trocken und schwer oder leicht. In der Philosophie der chinesischen Medizin werden die Dinge in Yin und Yang eingeteilt. Dementsprechend glaubten auch die Ägypter, daß ein Gleichgewicht für das harmonische Funktionieren von Körper und Geist absolut entscheidend ist. Bei Beschwerden wie Rheuma oder durch Wasseransammlung bedingte Schwellungen wurde ein heißes und trockenes Öl wie Rosmarin oder Ingwer eingesetzt, um das Gleichgewicht wiederherzustellen. In die Praxis umgesetzt funktioniert diese Theorie erstaunlich gut. Nachfolgend finden Sie eine Auswahl der gebräuchlichsten ätherischen Öle und ihre Eigenschaften:

Benzoe

Diese Essenz hat einen lieblichen Duft, der an Vanillegeruch erinnert und dient häufig als Fixiermittel bei der Parfumherstellung. Es wird aus dem Harz von Bäumen gewonnen, die in Malaysien, Java und Borneo beheimatet sind und die eine Höhe von etwa 20 Metern erreichen. Jeder Baum liefert 500 bis 600 Gramm Harz. Benzoe-Essenz ist geeignet zur Behandlung von Atembeschwerden wie Asthma, oder wenn das Einatmen generell Schwierigkeiten bereitet, sowie bei Hautproblemen, z. B. Melanosis (= Dunkelfärbung d. Haut, Anm. d. Übersetzerin). Zum Inhalieren lösen Sie einige Tropfen Benzoe in 500 ml Wasser auf.

Mischen Sie 1 Tropfen Benzoe mit 2 Teelöffeln eines beliebigen Öls, z. B. Mandelöl, und verwenden Sie diese Mischung als Massageöl.

Bergamotte

Der Bergamottebaum gehört zur Gattung der Orangenbäume und wurde von Christoph Columbus entdeckt, als er zu den Kanarischen Inseln reiste. Bergamotte wächst mittlerweile auch in Süditalien, Sizilien und entlang der afrikanischen Elfenbeinküste.

Das ätherische Öl wird aus der Schale der Frucht destilliert. Es hat eine hübsche smaragd-grüne Farbe und einen aromatischen zitronigen Duft.

Bergamotte besitzt eine starke antiseptische, belebende und magenstärkende Wirkung (sehr gut geeignet zur Bekämpfung von Infektionen, zur Stärkung des gesamten Organismus und für den Magen).

Vorsicht ist jedoch bei der äußerlichen Anwendung geboten, denn eines der enthaltenen Moleküle, das sogenannte

Furocoumarine, kann bei Sonnenbestrahlung unschöne Hautverfärbungen hervorrufen.

Cajeput

Das Öl und sein Name stammen von dem malaysischen Wort ›kayuputi‹, ein weißer Baum, der sehr viel in Malaysien und auf den Molucca-Inseln wächst. Die ätherischen Öle werden aus den Blättern und Knospen gewonnen und besitzen einen sehr aromatischen, würzigen Geruch. Cajeput wirkt stark antiseptisch und stärkt die Lungen sowie den Darm- und Harntrakt. Zur Behandlung einer Blasenentzündung können Sie 3 Tropfen Essenz im Badewasser auflösen, oder Sie verwenden ein Massageöl aus 3 Tropfen Cajeput und 4 – 5 Teelöffel Sojaöl. Wenn man diese Essenz inhaliert, hilft sie auch gegen Erkältungen. Lösen Sie zu diesem Zweck 3 – 4 Tropfen Öl in 500 ml warmem Wasser auf. Gegen rheumatische Beschwerden hilft ein Massageöl, das aus 2 Tropfen Cajeput-Essenz und 2 Teelöffeln eines beliebigen Öls, z. B. Mandelöl, gemischt wird.

Kamille

Das ätherische Öl der Kamille wird aus frisch getrockneten Kamillenblüten destilliert und hat eine hübsche blaue Farbe, die sich nach einer gewissen Zeit grünlich-gelb verfärbt. Kamille galt früher in Ägypten als heilige Pflanze und wurde dem Sonnengott Ra geopfert. Außerdem wurde sie als fiebersenkendes Mittel eingesetzt.

Die Kamille besitzt eine tonische, verdauungsfördernde, schmerzstillende (fiebersenkende) und antiseptische Wirkung. Durch das in der Kamille enthaltene Azulen wird die Narbenbildung von Wunden gefördert. Kamillen-Essenz hilft bei Hautproblemen, wie Ekzeme und Akne, indem es die Entzündung hemmt.

Weitere Anwendungsbereiche sind Verbrennungen und Bißwunden, Blasenentzündung, Ausbleiben der Regelblutung, schmerzhafte Regelblutung, Bronchitis, Asthma, Husten, Migräne und grippale Nervenschmerzen.

Zur äußerlichen Anwendung auf der Haut mischen Sie 3 Tropfen Essenz mit 2 Tropfen Sojaöl.

Als Körpermassageöl eignet sich eine Mischung aus 2 Tropfen Kamilleöl, 2 Tropfen Rosmarinöl und 4–5 Teelöffel Sojaöl. Diese Mischung ist vor allem bei rheumatischen Beschwerden hilfreich.

Zur allgemeinen Stärkung bei genesenden Kindern und älteren Menschen bereitet man ein Bad unter Zugabe von 5–6 Tropfen Kamillen-Essenz.

Kardamom

Dieses ätherische Öl entsteht bei der Destillation von Samen, die in den Früchten von Pflanzen enthalten sind, die der Gattung der Ingwergewächse angehören. Die Essenz verströmt einen lieblichen, frischen Duft, der den Geruch von Knoblauch neutralisiert.

Dr. Leclerc, ein bekannter französischer Heilpraktiker und Pflanzenkenner, war überzeugt davon, daß Kardamom eines der besten Mittel gegen Blähungen ist und eine hervorragende verdauungsfördernde, anregende, nerven- und herzstärkende Wirkung besitzt.

Es ist zudem ein wirksames harntreibendes Mittel, und diese Wirkung wird sogar noch verstärkt, wenn man es zusammen mit anderen Essenzen verwendet, z. B. Wacholder. Gekochte Kardamomsamen wirken ausgezeichnet gegen Mundgeruch.

Zedernholz

Der Zedernbaum stammt aus Nordafrika, Marokko und Algerien, und sein Holz verströmt einen angenehmen Duft. Das ätherische Öl hat eine dickflüssige Konsistenz und besitzt wie Sandelholz balsamische Eigenschaften. In Ägypten wurde es oft zum Einbalsamieren eingesetzt.

Zedernholz wirkt antiseptisch und fördert die Funktion des Harntrakts, denn es ist ein gutes Heilmittel bei Harnblasen- und Gallenblasenentzündung. Es ist auch gut geeignet für die Behandlung der Atemorgane und hilft gegen Bronchitis. Man kann es ebensogut bei Hautproblemen, wie Ekzemen, und als Haarpflegemittel, z. B. bei Haarausfall, anwenden. Zedernholz ist ein allgemeines Stärkungsmittel und besitzt zudem eine aphrodisierende Wirkung. Für ein Vollbad genügen 5 – 7 Tropfen Essenz.

Zur Inhalation lösen Sie einige Tropfen der Essenz in 500 ml Wasser auf. Um ein Massageöl für Kopfhaut und Gesicht herzustellen, mischen Sie 2 – 4 Tropfen Zedernholz-Essenz mit 2 Teelöffeln eines beliebigen Öls. Bei Haarausfall können Sie auch einige Tropfen davon mit Ihrem Haarshampoo vermischen.

Zypresse

Der Zypressenbaum wächst im Osten und allen Mittelmeerländern. Die Essenz wird bei der Destillation der Blätter, Zweige und Zapfen des Baumes gewonnen. Die Farbe ist hellgelb, und der angenehme Duft sehr intensiv.

Im alten Ägypten wurde das ätherische Öl der Zypresse wegen seiner hervorragenden medizinischen Eigenschaften geschätzt, und das Holz selbst wurde bei der Herstellung von Prunksärgen verwendet.

Die Essenz hilft bei der Behandlung von Durchblutungsstörungen, wie Krampfadern und Hämorrhoiden und eignet sich auch gut zur Beseitigung von Harnwegserkrankungen. Man verwendet 4 – 6 Tropfen der Essenz als Badezusatz oder bereitet damit ein Fußbad.

Bei mangelhafter Durchblutung hilft eine Beinmassage mit einer Mischung aus 2 – 4 Tropfen Zypressenöl und 2 Teelöffeln Sojaöl.

Eukalyptus

Der Eukalyptusbaum hat seinen Ursprung in Australien und wurde später nach Nordafrika und an die Mittelmeerküste gebracht. Das aus den silbrigen Blättern gewonnene ätherische Öl besitzt eine hellgelbe Farbe, verströmt einen frischen, aromatischen Duft und ist medizinisch höchst wirksam. Der Hauptbestandteil der Essenz ist Eukalyptol und verleiht ihr die starke antiseptische Wirkung.

Eukalyptusöl ist besonders geeignet für Atembeschwerden und stellt ein wirksames Mittel gegen Husten, Asthma und Bronchitis dar.

Auch bei eitrigen Absonderungen in Verbindung mit Schnupfen und fieberhafter Grippe bringt dieses Öl Linderung. Außerdem kann es angewendet werden bei Blasenentzündung, Hautproblemen sowie bei der Heilung von Schnittwunden und Verbrennungen. Zudem dient es als Stimulans für das Nervensystem.

Bei Asthma, Grippe oder bronchialen und rheumatischen Beschwerden sollte man mit einer Mischung aus 2 Tropfen Eukalyptusöl, 1 Tropfen Niaouli und 1 Tropfen Pinienöl inhalieren. Bei Rheumatismus kann man auch 5 – 10 Tropfen der Essenz als Badezusatz verwenden. Zur Behandlung von Hautproblemen empfehle ich eine Mischung aus 2 Tropfen

Eukalyptusöl und 2 Teelöffeln Sojaöl, die man kräftig in die betroffenen Stellen massiert.

Wenn ein Familienmitglied erkrankt ist und Sie das Haus auf natürliche Weise ausräuchern möchten, sollten Sie Eukalyptusblätter so lange in Wasser kochen, bis der Duft das Haus durchströmt. Bei Bronchitis verfährt man auf ähnliche Art und Weise: Man stellt einen Aufguß mit Blättern (oder Essenz) über Nacht neben das Bett des Patienten.

Weihrauch

Dieses ätherische Öl wird aus Gummiharz gewonnen. Der Baum, der in Arabien und Südostafrika wächst, wird dabei eingekerbt. Das Öl ist von gelblicher Farbe und besitzt ein balsamisches, duftendes Aroma. Mischt man es mit Myrrhe und anderen aromatischen Gewürzen, wird sein Duft leicht zitronig. Wenn man es verbrennt, entsteht ein süßlich duftender Rauch, der häufig bei religiösen Zeremonien verwendet wird. Weihrauch ist hervorragend geeignet zur Stärkung der Nerven, wirkt antiseptisch und ist außerdem ein ausgezeichnetes Mittel zur Kräftigung der Bronchien.

Fügen Sie 5–6 Tropfen der Essenz ins Badewasser oder stellen Sie ein Glasgefäß mit einigen Tropfen Weihrauch-Essenz auf die Heizung, wenn Sie sich entspannen oder meditieren möchten.

Galbanum

Die Essenz stammt aus dem Harz einer Fenchelart, die in Persien vorkommt. Es ist gelb und besitzt ein würziges, feuriges Aroma.

Es dient zur Anwendung bei Hauterkrankungen, Abszessen und Entzündungen und fördert die Bildung von Narbengewebe. Mischen Sie einige Tropfen Galbanum-Essenz mit Pfirsichkern- oder Mandelöl und reiben Sie die betroffenen Stellen damit ein.

Geranium

Geranium hat seinen Ursprung in Afrika und wurde 1690 nach Europa gebracht. Die Essenz wird oft Geranium Ba-bourbon-la-Réunion genannt (nach der Insel in der Nähe von Madagaskar). Sie ist farblos oder gelblich-grün und verströmt einen angenehmen, aber intensiven Geruch.

Bei der künstlichen Herstellung des Aromas werden die molekularen Bestandteile der natürlichen Essenz häufig mit Extrakten aus Sandelholz und Citrenollal gemischt. Gera-nium-Essenz ist gut geeignet zur Behandlung von Hautschä-den wie Frostbeulen, Dermatitis und Entzündungen. Es be-schleunigt die Vernarbung von Wunden, fördert die Heilung von Hämorrhoiden und verbessert ganz allgemein die Durch-blutung.

Als Massageöl nimmt man eine Mischung aus 2 – 3 Tropfen Essenz und 2 Teelöffeln Sojaöl. Bei Hämorrhoiden vermischt man 1 Tropfen Geraniumöl mit kalter Creme und trägt sie auf die betroffenen Stellen auf. Wenn sich beim Stillen die Brust entzündet, hilft ebenfalls eine kalte Creme, der man 3 Trop-fen Essenz beimengt.

Lavendel

Lavendel hat seinen Ursprung in Persien, auf den Kanari-schen Inseln und an der Mittelmeerküste. Heutzutage findet man viele verschiedene Lavendelarten in ganz Europa. La-vendel-Essenz ist äußerst wirksam zur Behandlung von Haut-schäden wie Quetschungen, Frostbeulen, Hautrötungen,

Akne, Dermatitis und Schwellungen. Lavendel-Essenz lindert rheumatische Beschwerden und ist besonders wirksam, wenn man sie mit Wacholder-, Zypressen- oder Ingwer-Essenz mischt. Man nimmt von jeder Essenz 2 Tropfen, mischt sie mit 2 – 3 Teelöffeln Sojaöl und verreibt diese Mischung auf den betroffenen Partien.

Bei Hautstörungen mischt man 3 Tropfen Essenz mit 2 Tropfen Öl.

Dr. Gattéfosse, einer der Gründerväter der Aromatherapie, entdeckte die hervorragende Eigenschaft des Lavendels zur Heilung von Brandwunden. Als er sich bei seiner Arbeit im Labor die Hand ernsthaft verbrannte, tauchte er sie automatisch in den naheliegendsten Behälter – dieser war mit ätherischem Lavendelöl gefüllt. Der Schmerz ließ schon nach relativ kurzer Zeit nach, und die Brandwunde heilte erstaunlich schnell.

Bei schweren Verbrennungen sollte man unverzüglich unverdünnte Lavendel-Essenz auftragen und die Wunde mit Gaze oder Musselin umwickeln (damit die Haut atmen kann). Danach den Vorgang zwei- bis dreimal täglich etwa alle vier Stunden wiederholen. Leichtere Verbrennungen, wie sie beispielsweise beim Kochen entstehen, sollten Sie sofort mit Lavendelöl betupfen und anschließend verbinden. Wenn Sie kein ätherisches Öl zur Stelle haben, nehmen Sie statt dessen einige Lavendelblüten oder -blätter aus dem Garten, bedecken die Wunde damit und verbinden sie wie oben beschrieben.

Zitronengras

Das süß duftende Gras wächst in Indien, im afrikanischen Kongo, auf den Seychellen, in Indonesien, Sri Lanka und Brasilien und wird hauptsächlich als Gewürz angebaut. Das ätherische Öl besitzt ein zitroniges Aroma, seine Hauptbestandteile sind Citral (stark antiseptisch) und Geraniol. Es dient zur Behandlung fieberhafter Infekte, lindert migräneartige Kopfschmerzen und ist äußerst wohltuend bei Schweißfüßen oder Fußpilz.

Für ein Fußbad träufelt man einige Tropfen Zitronengrasöl in eine mit Wasser gefüllte Schale, anschließend reibt man die Füße mit einer Mischung aus 3 Tropfen Essenz und 1 Teelöffel Sojaöl ein.

Verwenden Sie zu Hause anstatt Chemikalien stets Zitronengrasöl als Antiseptikum. Beachten Sie aber, daß es sich nur zur äußerlichen Anwendung eignet.

Melisse

Diese Pflanze ist in ganz Europa beheimatet und wächst wild in Wäldern und auf Feldern. Die Essenz ist mehr oder weniger farblos, kann aber eine leicht gelbe Schattierung aufweisen und riecht zitronig. Das Öl wirkt krampflösend, stimulierend (auf das Nervensystem) und regt die Herztätigkeit an. Es dient zur Behandlung von Depressionen, nervösen Angstzuständen, Herzklopfen, hilft bei Nervenschmerzen und Ischias und besitzt vor allem für ältere Menschen eine wohltuende Wirkung.

Reiben Sie die Brust mit einer Mischung aus 5 Tropfen Essenz und 2 Teelöffeln Sojaöl ein. Dieses Öl kann man auch als Körperöl verwenden.

Bei nervösen Angstzuständen oder Herzklopfen hilft ein Bad mit 6 Tropfen Melissenöl. Bei Depressionen ist in der Regel folgender Tee hilfreich: Man übergießt 2 Messerspitzen Melisseblätter mit 500 ml kochendem Wasser und läßt den Aufguß 10 Minuten lang ziehen. Süßen Sie den Tee nach Belieben mit Honig.

Myrrhe

Die Myrrhen-Essenz wird aus einem gelblich-braunen Gummiharz gewonnen, das in Arabien und Persien wächst. Das Öl hat meist eine gelbe Schattierung, die von sehr hellem bis zu dunklem Goldgelb variiert und besitzt einen aromatischen, kampferartigen Geruch.

Myrrhe wurde seit dem Altertum bei religiösen Zeremonien verwendet, und die alten Ägypter, die es ›phun‹ nannten, benutzten es auch zum Zweck der Einbalsamierung. Die Hauptbestandteile sind Terpene, Pinene, Phenole etc.; das Öl weist gute antiseptische Eigenschaften auf, lindert Entzündungen und hilft bei Akne sowie Dermatitis. Zur äußerlichen Anwendung mischen Sie ein Öl aus 2 – 4 Tropfen Essenz und 2 Teelöffeln Sojaöl.

Neroli

Die Neroli-Essenz wird bei der Destillation von frischen Blüten des Bitterorangenbaumes gewonnen. Das beliebteste Öl stammt von der Bitterorange ›citrus bigaradia‹ und trägt den Namen Bigarde-Essenz, während ein anderes Öl, die Portugal-Essenz, aus den Blüten eines Süßorangenbaumes hergestellt wird. Neroli ist ein sehr teures ätherisches Öl (für die Herstellung von 1 kg Essenz wird 1 Tonne Blüten benötigt). Es hat eine gelbliche Farbe, die unter Lichteinwirkung manchmal ins Bräunliche übergeht. In Neroli sind eine Reihe Alkohole wie Nerol, Linalol und Geraniol enthalten.

Die Neroli-Essenz ist sehr förderlich für das Nervensystem und wirksam bei der Behandlung von Angstzuständen und Depressionen. Aufgrund seiner leicht hypnotisierenden Wirkung fördert dieses Öl einen gesunden Schlaf und hat sich als natürliches Beruhigungsmittel bewährt. Man bereitet vor dem Zubettgehen ein Bad mit 4 Tropfen Essenz. Als Schlaftrunk eignet sich ein Orangenblütentee mit einigen Tropfen Neroliöl und etwas Honig. Gegen Depressionen und Angstzustände — oder bei einer allzu hektischen Lebensweise! — hilft eine Massage mit einer Mischung aus 4–6 Tropfen Essenz und 2 Teelöffeln Sojaöl. Neroli ist auch ein sehr gutes natürliches Mittel zur Blutreinigung — man bereitet zu diesem Zweck einen Tee aus den Blüten der Pflanze —, und es fördert die Durchblutung, wobei die oben erwähnte Mischung zur täglichen Massage verwendet werden sollte.

Einige Tropfen Neroliöl als Badezusatz helfen die Symptome prämenstrueller Beschwerden zu lindern.

Patschouli

Diese Essenz stammt aus den trockenen Zweigen einer Pflanze, die ihren Ursprung in Malaysien und auf den Seychellen hat. Das ätherische Öl ist braun und dickflüssig und besitzt einen intensiven, aufdringlichen Geruch. Es wird häufig als Fixiermittel bei der Parfumherstellung verwendet. Aufgrund seiner guten antiseptischen Wirkung kann es gegen alle auftretenden Infektionen angewendet werden. Patschouli wirkt sowohl bei Entzündungen und Verbrennungen sowie bei Hautproblemen, wie Seborrhoe, Akne, Dermatitis und Allergien. Mischen Sie ein Öl aus 2 Tropfen Essenz und 2 Teelöffeln Mandelöl. Bei übermäßig fettigem Haar sollten Sie Ihrem Shampoo einige Tropfen Patschouli-Essenz beimengen.

Pinie

Das ätherische Öl wird aus dem Harz und den Nadeln des Pinienbaumes gewonnen, von dem 150 verschiedene Arten existieren. Ich finde, die besten Essenzen stammen von den

Nadeln der Exemplare, die in Skandinavien und Rußland wachsen. Das Pinienöl ist hellgelb und hat einen lieblichen, balsamischen Duft, den es folgenden Bestandteilen verdankt: Pinen, Sylvestren, Phellandren und Kadinen.

Pinie besitzt eine hervorragende antiseptische Wirkung, die sich sehr vorteilhaft auf die Atemorgane (Grippe, Erkältung und Bronchitis) und die Harnwege (Blasenentzündung) auswirkt. Pinienöl besitzt zudem eine revitalisierende Wirkung und eignet sich sowohl für Kinder als auch für Erwachsene. Bei rheumatischen Beschwerden wird die Wirksamkeit verstärkt, wenn man es mit anderen Essenzen wie Zitrone oder Wacholder mischt. Man rechnet jeweils 2 Tropfen Essenz auf 2 Teelöffel Sojaöl und massiert damit die betroffenen Stellen.

Zum Inhalieren bei Erkältung oder Grippe löst man 2 Tropfen Pinien-Essenz, 2 Tropfen Niaouli-Essenz und 2 Tropfen Eukalyptus-Essenz in 500 ml heißem Wasser auf.

Rose

Die Rose hat ihren Ursprung im Osten. Doch heute gibt es weit über hundert verschiedene Arten, die beinahe überall verbreitet sind. Es gibt jedoch nur drei Rosenarten, die zur Herstellung von echtem Rosenparfum geeignet sind: ›rose centifolie‹, ›rose damask‹ und ›rose gallica‹. Schon immer war die Rose der Duft der Könige und Pharaonen. Das Parfum wurde als aphrodisierendes Mittel für Frauen verwendet und seltsamerweise auch bei religiösen Zeremonien. Gewöhnlich werden 2 Tonnen Blütenblätter benötigt, um 1 kg ätherisches Rosenöl zu gewinnen. Aus diesem Grund ist sie eine der teuersten Essenzen. Besonders edle Essenzen liefern die Bulgarische, Marokkanische, Orientalische Rose sowie Rose de Grasse, und es lohnt sich durchaus, danach zu suchen. Bei der Nachbildung des reinen Rosenöls werden seine molekularen Bestandteile mit ätherischen Ölen aus Zitronengras, Geranium und Zitronella gemischt.

Die Rosen-Essenz ist ein allgemeines Stärkungsmittel und besitzt eine außerordentlich gute Wirkung auf Nerven, Kreislauf und Atemorgane. Es wirkt gegen alle möglichen Hautprobleme, angefangen von Ekzemen über Faltenbildung und trockener Haut bis hin zu aufgedunsener Haut und verstopften Poren. Man mischt 2–3 Tropfen Essenz mit 2 Teelöffeln Mandelöl.

Rosenöl wird auch als aphrodisierendes Mittel für Frauen empfohlen und soll gegen Frigidität helfen. Mischen Sie ein Öl für besondere Gelegenheiten aus 3–6 Tropfen Rosen-Essenz und 3–4 Teelöffeln Sojaöl.

Sassafras

Dieser kleine Baum bzw. Busch gehört zu den Lorbeergewächsen und ist in Nordafrika beheimatet. Das ätherische Öl wird meist aus der Rinde und den Wurzeln gewonnen, obwohl man es auch aus den Blüten und Blättern destillieren kann. Es besitzt eine rötlich-gelbe Farbe und riecht stark nach Safrol, dabei handelt es sich um ein scharfes und aromatisches Aroma mit einer Spur Fenchel oder Anis.

Die amerikanischen Iroquois-Indianer verehrten es wegen seiner medizinischen Eigenschaften.

Sassafras ist ein anregendes Mittel und dient zur Bekämpfung von Müdigkeit und nervösen Depressionen. Die Anwendung nach anstrengender körperlicher Betätigung ist äußerst wohltuend.

Die Essenz besitzt eine harntreibende und antirheumatische Wirkung und eignet sich zur Behandlung von Hexenschuß und Rückenschmerzen.

Man bereitet ein Massageöl aus 2–4 Tropfen Essenz und 2 Teelöffeln eines beliebigen Öls oder gibt 4–6 Tropfen Essenz ins Badewasser.

In der Schwangerschaft sollte diese Essenz nicht angewendet werden.

Ylang-Ylang

Dieser Baum ist bekannt für seinen Duft und stammt aus dem Fernen Osten, den Philippinen und Malaysien. Er ist aber auch in Asien, auf den Seychellen, in Tahiti und Indien zu finden. Das ätherische Öl wird aus frischen Blüten destilliert, ist hellgelb und verströmt einen exquisiten Duft. Früher wurden die Blüten mit Kokosnußöl gemischt und dienten zur Verbesserung der Haarstruktur, zur Behandlung von Insektenstichen und Infektionen. Die pure Essenz wurde auch als Mittel gegen Malaria eingesetzt. Ylang-Ylang wirkt antiseptisch, aphrodisierend und belebt das Nervensystem. Man fügt 4–5 Tropfen ins Badewasser oder verwendet 4 Tropfen Essenz und 2 Teelöffel Sojaöl zur Parfümierung des Körpers bei besonderen Gelegenheiten. Man kann auch 3–4 Tropfen mit 60 ml herkömmlichem Shampoo mischen.

4. Kapitel

Aromatherapie
und
Krankheit

Unter Aromatherapie versteht man die therapeutische Nutzung von Duftstoffen, die aus Blumen, Pflanzen und aromatischen Sträuchern gewonnen werden. Sie dient nicht nur zur erfolgreichen Behandlung und Heilung von Krankheiten, sondern hilft uns in erster Linie – und das ist vielleicht viel wichtiger – gesund zu bleiben.

In der heutigen Zeit fechten wir einen steten Kampf um unser Wohlergehen. Die meisten Menschen wohnen und arbeiten in Städten, bzw. Großstädten. Man lebt gewissermaßen auf begrenztem Raum, wobei die Bewegungsfreiheit und die notwendige körperliche Betätigung eingeschränkt wird. Autos, Haushaltsgeräte und sitzende Tätigkeiten unterstützen diese bequeme Lebensweise. Hinzu kommt, daß wir einer konstanten Bestrahlung ausgesetzt sind, die sich auf unsere Körperzellen äußerst schädlich auswirkt. Sogar der Fernseher, vor dem wir einen Teil unserer Freizeit zubringen, strahlt ein beachtliches Maß radioaktiver Wellen aus.

Oft leidet der moderne Mensch unter enormem psychischen Streß, was zum einen in der Angst vor einem anspruchsvollen Job, zum anderen in einer noch größeren Angst davor, den Job zu verlieren, begründet liegt. Mehr und mehr Frauen erstreben neben den häuslichen und familiären Aufgaben eine berufliche Karriere und unterliegen dadurch Anforderungen, die noch vor fünfzig Jahren undenkbar gewesen wären.

Nicht zu vergessen das kontinuierlich steigende Verkehrsaufkommen und die damit verbundenen Lärm- und Umweltbelastungen. All diese Dinge sind Streßfaktoren und bauen Energiereserven ab, die wir benötigen, um Krankheiten zu bekämpfen und gesund zu bleiben. Natürlich kann man die Zeit nicht zurückdrehen, und es wäre töricht, den technischen Fortschritt abzulehnen. Vielmehr sollten wir lernen, uns an die sich ständig ändernde Umwelt anzupassen, und dabei kann die Aromatherapie äußerst hilfreich sein. Durch Inhalation ätherischer Dämpfe, Massage mit pflanzlichen Ölen sowie durch innerliche Anwendung wird die Widerstandskraft gegen Streß und damit verbundene Krankheiten gefördert.

Die Aromatherapie bringt uns in gewisser Weise die natürliche Umgebung zurück, die wir durch das Großstadtleben entbehren müssen. Sie bereichert unseren Alltag mit dem Duft von Bäumen und Blumen, was bei einer natürlichen Lebensweise selbstverständlich wäre. Jede Pflanze ist ein Lebewesen und besitzt ein bestimmtes Energiepotential, das sie nach den Gesetzen der Natur auf uns übertragen kann. Das ist einer der Gründe, weshalb Pflanzen zur Behandlung und Heilung unserer Krankheiten so gut geeignet sind.

Wir wissen heute mehr denn je über die Nebenwirkungen von Medikamenten, wie z. B. Antidepressiva und Beruhigungsmittel, bei denen viele Menschen Zuflucht suchen, wenn berufliche Belastungen und andere Probleme sie zu erdrücken scheinen. Wer es aber ablehnt, Beruhigungsmittel, Antibiotika und andere Medikamente zu schlucken, um scheinbar geringfügige Störungen wie Nervosität, Schlaflosigkeit, Kopfschmerzen, Grippe oder Gelenkentzündungen zu beseitigen, wird die Aromatherapie zu schätzen lernen. Sie bietet eine sanfte Methode, solche Leiden zu behandeln, bevor sich ernste Erkrankungen entwickeln. Die Aromatherapie eignet sich auch bestens zur Heilung von Kinderkrankheiten und Verletzungen. Die tägliche Anwendung von ätherischen Ölen hilft sogar, die bei Rheumatismus und Arthritis auftretenden Schmerzen zu lindern, unter denen so viele ältere Menschen leiden.

Der ›Geruch‹ der Krankheit

Ich finde es faszinierend, daß beim Auftreten einer Krankheit nicht nur der Geruchssinn nachläßt, sondern daß sich auch der Körpergeruch ändert. Forschungen auf dem Gebiet der Endokrinologie haben ergeben, daß verschiedene Krankheiten eigene Geruchsmerkmale besitzen, die meist sehr schädlich sind. Skorbut riecht z. B. nach verwesendem Fleisch, Pocken nach Fäulnis, Ekzeme und Impetigo (Hautausschlag) nach verfaulender Haut. Menschen, die an Diphtherie leiden, verströmen einen süßlichen und ziemlich abstoßenden Geruch, während der Geruch von Typhuspatienten überraschend angenehm ist und an frisches Brot erinnert. Auch Krebs soll einen unangenehmen Körpergeruch verursachen – man sagt, als Freud an Kehlkopfkrebs erkrankt war, konnte sein Lieblingshund den Geruch seines Herrn nicht mehr ertragen und vermied es, in seine Nähe zu kommen. Es gibt eine Vielfalt von körperlichen Sekretionen, die in Form von Schweiß, Talg, Schleim, Scheidensekreten, Stuhl und Urin ausgeschieden werden. Die Gerüche dieser Ausscheidungen bestimmen (aufgrund der darin enthaltenen Pheromone) den Duft von Haut, Haaren und Kleidung. Dieser körpereigene Geruch kann durch wechselnde Stimmungen, Ernährung, körperliche Betätigung und durch den weiblichen Monatszyklus bestimmt werden. Wenn Körpersekrete einen ungewohnten, unangenehmen Geruch annehmen, ist das ein sicherer Hinweis drauf, daß die Drüsentätigkeit aus dem Gleichgewicht geraten ist oder eine organische Funktionsstörung vorliegt und sollte dringend untersucht werden. Dabei ist zu beachten, daß auch die Einnahme von Arzneimitteln den Geruch des Körpers verändern kann. Mundgeruch ist z. B. ein erstes Anzeichen für eine krankhafte Störung und kann auf ein Leberleiden, Verdauungsstörungen, Karies, Atembeschwerden, Zahnfleischentzündung, Halsentzündung, Katarrh oder Nebenhöhlenvereiterung hinweisen. Abgesehen davon, daß Mundgeruch nicht gerade sehr angenehm ist, stellt er eine Art Frühwarnung dar, und man sollte etwas unternehmen, bevor das Problem ausartet.

Schweißfüße werden häufig durch unerwünschte Bakterien und Pilze hervorgerufen – z. B. der sogenannte ›Athletenfuß‹ –, können aber auch ein emotionales Problem anzeigen: Sorgen, Angstzustände oder innere Unruhe äußern sich oft in starkem Schwitzen. Ein gutes Mittel dagegen ist ein Fußbad aus einer Mischung von Hamamelis- und Kiefern-Essenz.

Viele Menschen leiden unter Blähungen, was besonders peinlich sein kann. Wir alle atmen eine Menge Sauerstoff und Stickstoff aus der Luft ein, was ganz natürlich ist. Wenn wir unter Streß stehen, atmen wir oft mehr Luft ein als aus, weil wir schneller sprechen und atmen. Aus diesem Grund haben wir mehr Luft im Körper, wenn wir uns ängstigen. Doch auch das ist nichts Ungewöhnliches.

Wenn aber bestimmte Nahrungsmittel im Darm zu gären beginnen, kommt es zu einer besonderen Gasentwicklung. Diese Gase riechen aufgrund ihres hohen Schwefelgehalts sehr unangenehm und verursachen heftige Verdauungsbeschwerden. Es gibt Menschen, die nicht über die nötigen Enzyme verfügen, um den in der Milch enthaltenen Zucker (Lactose) zu verdauen, wodurch erhebliche Magenbeschwerden auftreten. Durch die Gärung entstehen Gase, und es kann zu Blähungen kommen. Es handelt sich dabei um eine angeborene Unverträglichkeit von Milchprodukten, und man sollte ganz auf sie verzichten. Eine weitere Ursache für Blähungen ist die Unfähigkeit, Gluten zu verdauen, und kann bereits im Säuglingsalter diagnostiziert werden. Man sollte völlig auf Weizenprodukte verzichten und auch andere Getreidesorten wie Gerste, Hafer und Roggen nur in sehr geringen Mengen zu sich nehmen.

Es gibt noch eine Fülle anderer Lebensmittel, die Blähungen verursachen, wie z. B. Bohnen, doch das hat nichts mit krankhaften Störungen zu tun. Wissenschaftler, die sich mit diesem Phänomen auseinandergesetzt haben, fanden heraus, daß es bei Personen, die sich eine Woche lang fast ausschließlich von Bohnen ernährten, zu extremen Blähungen kam – worauf sich zweifellos auch der schlechte Ruf der Bohnen zurückführen läßt. Der Grund für die lästige Gasentwicklung ist Zucker, der im Darm zu gären beginnt. Man kann dem jedoch vorbeugen: Kochen Sie Bohnen mit aromatischen Kräutern, die die Verdauung unterstützen. Das gleiche gilt für andere Gemüsesorten, wie Weißkohl, Blumenkohl, Rosenkohl, Brokkoli, weiße Rüben, Gurken, Rettich und Zwiebeln. Ich möchte also nochmals betonen, durch eine entsprechende Zubereitung dieser Gemüsesorten kann das ärgerliche Auftreten von Blähungen verhindert werden.

Im Verlauf des weiblichen Monatszyklus kommt es zu einer Veränderung der Scheidensekrete, auch das ist ganz normal. Doch ein unangenehm riechender, weißer oder gelber Ausfluß ist meist ein Zeichen dafür, daß etwas nicht stimmt, und kann z. B. die Folge einer vaginalen Störung sein, die durch Bakterien oder Pilze wie Trichomonas vaginalis, Hemophillius vaginalis und Candida albicans verursacht werden kann.

Interessanterweise leiden Frauen, die die Antibabypille nehmen, häufiger an diesen Erkrankungen, da die Scheidensekrete durch die zugeführten Hormone alkalischer werden und eine perfekte Brutstätte für Bakterien erzeugen. Auch Antibiotika erhöhen die Anfälligkeit für Pilzerkrankungen, da sie auch die zur Abwehr nötigen, nützlichen Bakterien abtöten und den Säuregehalt der Scheidensekrete erhöhen.

Man sollte also die Pille wenn möglich nicht mit Antibiotika kombiniert einnehmen. Das sollten Frauen, die häufig unter vaginalen Erkrankungen leiden, unbedingt berücksichtigen. Diese Erkrankungen können mit Hilfe ätherischer Öle ohne weiteres selbst behandelt werden. Außerdem sollte man nie Feinstrumpfhosen auf bloßer Haut tragen und zu enge Jeans vermeiden, denn beides beeinträchtigt die natürliche Hautatmung und begünstigt somit eine Umgebung, in der Bakterien gut gedeihen.

Anwendung von ätherischen Ölen

Es gibt verschiedene Methoden zur therapeutischen Anwendung ätherischer Öle: Man kann sie als Massageöl, als Badezusatz, als Zusatz für Dampfbäder oder zur oralen Einnahme verwenden. Auf allen vier Wegen gelangen die Essenzen zu den Körperstellen, die es zu schützen oder zu heilen gilt. Obwohl der Geruchssinn zweifellos eine lebenswichtige Funktion besitzt, liefert die Haut die besten Voraussetzungen für eine wirksame und erfolgreiche Anwendung ätherischer Öle. Die wenigsten Menschen wissen, daß die Haut das größte Körperorgan ist. Bei einem Körpergewicht von ungefähr 75 kg wiegt die Haut etwa 3 kg, wogegen die Leber nur ein Gewicht von etwa 1,5 kg beträgt. Alles in allem hat die Haut eine Dicke von ca. 1,2 mm. An den Hand- und Fußflächen ist die Haut etwas dicker, im oberen Nackenbereich und am Schädelansatz kann sie sogar bis zu 4 mm dick sein.

Die Haut besteht aus zwei Schichten: die äußere Schicht, die wir sehen können, heißt Epidermis und erneuert sich ständig. Sie sorgt dafür, daß neue Zellen gebildet und die alten von der Oberfläche abgestoßen werden. Darunter liegt eine noch dickere Schicht, die Lederhaut genannt wird. Sie enthält das Bindegewebe, das der Haut ihre erstaunliche Festigkeit, Geschmeidigkeit und Elastizität verleiht. Die Hautoberfläche enthält unzählige Kapillargefäße, die für eine gute Durchblutung der Haut sorgen. Außerdem befinden sich an der Oberfläche der Haut zahlreiche Nervenzellen, die unsere Empfindsamkeit für Berührungen und Schmerzen bewirken. Eine der Hauptfunktionen der Haut besteht darin, Abfallprodukte, Schweiß und überschüssigen Talg auszuscheiden (in der Pubertät ist die Produktion der Talgdrüsen am stärksten, wodurch fettige Haut und Pickel entstehen). Durch winzige Poren, die die gesamte Oberfläche der Haut bedecken, werden diese Ausscheidungen abgesondert. Aufgrund der Hautatmung, die der Lungenatmung gleicht, findet ein Austausch von Sauerstoff und Kohlendioxyd statt.

Einzelheiten darüber, wie ätherische Öle von der Haut aufgenommen werden, sind noch nicht bekannt. Doch man vermutet, daß die Aufnahme über dieselben Poren erfolgt, durch die Schweiß und Talg ausgeschieden wird. Da die Duftmoleküle von ätherischen Ölen extrem flüchtig sind, ist es möglich, daß sie wie andere Gase in die Haut eindringen.

Die Haut wird oft für eine undurchdringliche Barriere gehalten, und die Möglichkeit, daß ätherische Öle und andere Substanzen in die Haut eindringen können, wird bezweifelt. Doch es ist möglich. Ätherische Öle können sogar in tiefere Hautschichten eindringen und gelangen von dort aus zu den verschiedenen Organen, Drüsen und ins Gewebe. Nachdem die Essenzen in die Epidermis eingedrungen sind, sickern sie in die kleinen Kapillargefäße der Lederhaut und werden im

Blutkreislauf weitertransportiert. Außerdem werden sie von der Lymphflüssigkeit absorbiert und können so in jede Körperzelle eindringen. Man hat zum Beweis folgendes Experiment mit Versuchstieren durchgeführt: Einige Tropfen Lavendelöl wurden mit einer radioaktiven Substanz versetzt und auf eine rasierte Körperstelle geträufelt. Auch nachdem das Tier schon eineinhalb Stunden tot war und bereits seziert wurde, konnte das ätherische Öl in den Nieren nachgewiesen werden. Es gibt einen einfachen Test, den Sie selbst durchführen können, um zu sehen, wie wirksam ätherische Öle vom Körper aufgenommen und weitertransportiert werden. Reiben Sie Ihre Fußsohlen (oder die eines Freundes) mit einer Knoblauchzehe ein. Nach ein paar Stunden werden Sie feststellen, daß Ihr (oder sein) Atem nach Knoblauch riecht.

Es werden jeweils bestimmte ätherische Öle von entsprechenden Organen des Körpers aufgenommen und verarbeitet. Veilchenblätter-Essenz kann man z. B. in den Nieren nachweisen, Rosmarin im Darm, Sandelholz in der Gallenblase. Neroli und Ylang-Ylang hingegen sind für ihre schmerzlindernden und beruhigenden Eigenschaften bekannt und werden vom Nervensystem absorbiert. Man vermutet, daß erkrankte Organe oder Drüsen die Öle selektiv aufnehmen und auf die gleiche Weise verarbeiten, wie das bei den lebensnotwendigen Vitaminen und Mineralstoffen der Fall ist. Das ist vielleicht der Grund, warum ätherische Öle dafür bekannt sind, träge Organe zu reaktivieren.

Da die Haut in ständigem Kontakt mit der äußeren Umwelt steht, spielt sie eine übergeordnete Rolle beim Aufbau einer ersten ›Verteidigungslinie‹ gegen Bakterien und Viren, die sich überall in der Luft aufhalten. In tiefer liegenden Hautschichten findet man viele schützende Bakterien, die bis zur Lederhaut vordringen. Ihre Aufgabe besteht darin, schädliche Bakterien, wie z. B. Coli-Bakterien und Staphylokokken, abzuwehren. Man sollte diese schadhaften Bakterien sowie überschüssigen Talg und Schweiß nur mit einer milden Seife und Wasser abwaschen. Verwendet man zur Reinigung jedoch eine konzentrierte Waschlotion, können dabei auch nützliche Bakterien vernichtet werden. Übertriebene Peeling-Behandlungen, ultraviolette Bestrahlung und Brandwunden führen ebenso zu einer Verminderung der nützlichen Bakterien und vergrößern die Angriffsfläche der Haut für schadhafte Bakterien.

Dank ihrer antibakteriellen und antiviruellen Eigenschaften, tragen ätherische Öle bei täglicher Anwendung zum Aufbau der natürlichen Widerstandskräfte gegenüber Infektionskrankheiten bei. Bei der äußerlichen Anwendung sollten ätherische Öle immer in pflanzlichen Ölen, wie z. B. Mandelöl oder Sojaöl aufgelöst werden, da die meisten Essenzen sehr konzentriert sind und beim unverdünnten Auftragen auf die Haut Irritationen hervorrufen könnten. Auch bei der Behandlung von Verbrennungen, Schnittwunden und allen auftretenden Hautschäden sind die Essenzen sehr hilfreich. Ätherische Öle vermindern nicht nur die Anfälligkeit gegenüber Infektionen, sondern stimulieren auch die Regeneration von Hautzellen und beschleunigen so die Wundheilung.

Die Haut ist wie ein Spiegel, der den gesundheitlichen Zustand unseres Körpers reflektiert. Früher galt weiche, zarte, blasse und makellose Haut als Schönheitsideal und wurde sowohl von Frauen als auch von Männern hochgeschätzt und bewundert. Heutzutage wissen wir, daß nicht blasse, sondern vitale, frische und gesund aussehende Haut körperliches Wohlbefinden repräsentiert. Hautirritationen, Ekzeme und Hautveränderungen sind häufig erste Hinweise auf eine krankhafte Störung, und man sollte der Ursache des Problems auf den Grund gehen. Nachdem die ätherischen Öle vollkommen von der Haut aufgenommen wurden und die krankhaften Organe oder Drüsen von ihrer Wirkung profitiert haben, werden sie über Atem, Schweiß, Urin und Stuhl wieder aus dem Körper abtransportiert.

Massage

Die Massage ist die beste und wirksamste Methode für eine Behandlung mit ätherischen Ölen. Das Einreiben mit Essenzen aktiviert die Nervenenden, regt die Durchblutung der Hautoberfläche an und erleichtert das Eindringen des Öls in die Haut. Außerdem ist eine Massage sehr entspannend.

Auch bei einer fachgerechten Massage nimmt die Haut ätherische Öle immer nur über einen Zeitraum von sieben bis zehn Minuten auf. Wenn es zu Schweißbildung kommt, können ätherische Öle nicht in die Haut eindringen. Auch die Wirkung der Essenzen nach dem Eindringen hängt von der individuellen Hautbeschaffenheit ab. Fettablagerungen unter der Haut verhindern das ungestörte Eindringen ebenso, wie Ödeme und eine schlechte Hautdurchblutung.

Bäder

Eine weitere effektive Behandlungsmethode bietet die Verwendung ätherischer Öle als Badezusatz. Heizen Sie das Badezimmer gut vor und verschließen Sie Fenster und Türen, damit die Dämpfe nicht entweichen können. Tauchen Sie den Körper mindestens 10 Minuten lang unter Wasser und entspannen Sie sich, indem Sie tief ein- und ausatmen. Ein Teil der Duftmoleküle dringt in die Haut ein, während die anderen – wie beim Dampfbad – die geruchsempfindlichen Nervenenden in der Nase stimulieren.

Diese Nervenenden stellen eine Verlängerung der limbischen Gehirnregion dar und sind für die Steuerung bestimmter Gefühle wie Freude, Zufriedenheit und Wohlbefinden sowie für Appetit, gewisse Begierden und das Sexualverhalten verantwortlich. Zudem bilden sie die Verbindung zu einem anderen Teil des Gehirns, der Hypothalamus genannt wird. Er leitet chemische Informationen an die Hypophyse weiter, die auch oft als Hauptdrüse bezeichnet wird, da sie die Funktion aller endokrinen Drüsen im Körper steuert (Schilddrüse, Nebennierendrüse, Eierstöcke usw.). Auf diesem indirekten Weg beeinflussen ätherische Öle die körperlichen Hormonausscheidungen, indem sie minder aktive Organe unterstützen oder eventuelle Überproduktionen bremsen und zur Wiederherstellung ausgewogener Funktionen beitragen. Das bekannteste Beispiel sind die Verdauungssäfte, die gebildet werden, sobald man ein gutes Essen riecht. Ebenfalls über das Gehirn beeinflussen Duftmoleküle das Nervensystem und üben eine stimulierende oder beruhigende Wirkung auf Körper und Geist aus.

So wie die flüchtigen Sustanzen in die Haut eindringen, gelangen sie über die Lungen in den Blutkreislauf und werden durch den ganzen Körper transportiert. Doch auch andere Zusammensetzungen, wie das in Benzindämpfen enthaltene Blei, suchen sich ihren Weg ins Blut. Diese toxischen Mineralien besitzen jedoch im Gegensatz zu ätherischen Ölen eine höchst schädliche Wirkung auf Gehirn und Gewebe. Bei Kindern können sie zu Veränderungen im Verhalten und in der Lernfähigkeit führen und bei Erwachsenen Kopfschmerzen, Müdigkeit, Reizbarkeit sowie eine Vielzahl anderer quälender Leiden verursachen.

Dampfbad

Man weiß, daß die Dämpfe ätherischer Öle sowohl beim Baden als auch bei der Massage inhaliert werden. Zur unmittelbaren Inhalation der Dämpfe füllt man eine Schüssel mit heißem Wasser und fügt einige Tropfen Essenz hinzu. Beugen Sie das Gesicht in einem Abstand von etwa 22 cm über die Schüssel, decken Sie ein Handtuch über den Kopf und inhalieren Sie die aufsteigenden Dämpfe.

Ernährung

Die innerliche Aufnahme von ätherischen Ölen erfolgt durch die Zubereitung von Kräuter- und Früchtetees oder durch die Verwendung von Kräutern und Gewürzen beim Kochen. Die in den Blüten und Blättern von Kräutern und anderen Pflanzen enthaltenen ätherischen Öle werden von den Zellen in Magen und Darm aufgenommen und gelangen von dort aus in den Blutkreislauf. Gleichzeitig fördern sie die Verdauung bestimmter Nahrungsmittel. Es gibt ätherische Öle, die äußerst vitaminhaltig sind – Rose und Neroli enthalten Vitamin C, während andere Essenzen relativ viel Vitamin A, E und D enthalten –, was ihnen sowohl nährende als auch heilende Eigenschaften verleiht.

Ich möchte ausdrücklich betonen, daß es außerordentlich gefährlich sein kann, ätherische Öle unverdünnt einzunehmen, da sie sehr konzentriert sind. Ich persönlich verwende nur Essenzen, bei denen die Terpene unschädlich gemacht wurden (sie können zu einer Schädigung der Magenwand führen), und ich würde niemandem raten, ätherische Öle pur einzunehmen.

Behandlung von Krankheiten

Für die Behandlung mit ätherischen Ölen sind folgende Utensilien notwendig bzw. nützlich:

- eine Porzellanschüssel,
- ein Tropfglas zum Abmessen des Öls,
- ein Kochtopf aus Stahl oder Emaille,
- viereckige Tücher (Babywindeln sind ideal),
- einige braune Glasflaschen mit Schraubverschluß zum Aufbewahren der vorbereiteten Öle (ca. 30 ml Inhalt),
- ein Teelöffel, ein Eßlöffel und ein Eierbecher.

Die in diesem Buch genannten Maßangaben zur Herstellung der verschiedenen Heilmittel sind von mir persönlich erprobte Empfehlungen. Da es sich meist um die Zugabe von wenigen Tropfen handelt, benötigt man unbedingt ein Tropfglas. Die Menge der pflanzlichen Öle, mit denen man die ätherischen Essenzen mischt, muß nicht so genau abgemessen werden; ich habe hierzu Teelöffel, Eßlöffel und den weniger gebräuchlichen Eierbecher verwendet. Ein gewöhnlicher Eierbecher faßt ungefähr 30 ml.

Grippe und Erkältung

Die Symptome bei Grippe und Erkältung sind fast immer gleich: Niesen, Fieber, Gliederschmerzen, Halsschmerzen, Schnupfen und Stirnhöhlenvereiterung. Man weiß, daß Grippe durch das Eindringen eines Virus verursacht wird. Wodurch aber eine Erkältung ausgelöst wird, bleibt weiterhin ein Rätsel. Da man sowohl bei Grippe als auch bei Erkältungskrankheiten den Geruchssinn nahezu ganz verliert, ist es wichtig, sie so schnell wie möglich loszuwerden. Ich empfehle, sich einige Tage auszuruhen und so lange nicht zu arbeiten, bis man sich wieder erholt hat. Wenden Sie folgende Behandlung an: Reiben Sie Brust und Stirnhöhlen (äußere Augen- und Nasenpartie) mit einer der nachstehenden Mischungen ein, sobald die ersten Symptome auftreten:

1 Tropfen Eukalyptus
1 Tropfen Gewürznelke
1 Tropfen Kiefer
1 Eierbecher Mandelöl
(oder jedes andere kaltgepreßte Pflanzenöl)

Mischen Sie alle Zutaten miteinander, und füllen Sie das Öl in eine Flasche ab.

1 Tropfen Zimt
1 Tropfen Niaouli
1 Tropfen Zitrone
1 Eierbecher Pflanzenöl

Mischen Sie wieder alle Zutaten miteinander, und füllen Sie das fertige Öl in eine Flasche ab.

Fieber ist normalerweise ein gutes Zeichen, denn der Körper versucht die Viren durch erhöhte Körpertemperatur zu bekämpfen. Doch bei Fieber verbraucht der Körper sehr viel Energie. Vermeiden Sie daher schwer verdauliche Nahrungsmittel, und essen Sie an den ersten zwei Tagen wenig; beschränken Sie sich danach auf frisches Obst und Naturjoghurt mit Weizenkeimen und Honig, um den natürlichen Reinigungsprozeß des Körpers zu unterstützen.

Durch das Schwitzen verliert der Körper viel Flüssigkeit und scheidet Mineralstoffe wie Natrium und Kalium aus, die unbedingt ersetzt werden müssen. Bereiten Sie folgenden Kräutertee, denn er enthält wertvolle Nährstoffe:

1 Stange Zimt
2 Nelken
2 kleine Zweige frischer Thymian (oder 3 getrocknete Zweige)
1 Liter Wasser

Kochen Sie die Zutaten zwei Minuten im Kochtopf, bedecken Sie den Sud mit einem Tuch und lassen Sie ihn fünf Minuten durchziehen. Seihen Sie die Flüssigkeit anschließend ab und trinken Sie den Tee über den Tag verteilt, abwechselnd mit frischem Zitronensaft oder Wasser gemischt. Verwenden Sie zum Süßen entweder Honig oder Fruchtzucker. Schütten Sie den Tee in einen Krug und bewahren Sie ihn im Kühlschrank auf – jedoch nicht länger als zwei Tage.

Zum Inhalieren geben Sie 4 Tropfen der folgenden Mischung in eine Schüssel mit heißem Wasser. Dieses Dampfbad befreit eine verstopfte Nase und vertreibt den Katarrh:

1 Tropfen Eukalyptus
1 Tropfen Niaouli
1 Tropfen Kiefer
1 Eierbecher Mandelöl (oder anderes Pflanzenöl)

Bedecken Sie Kopf und Schüssel mit einem Tuch, um ein Entweichen der Dämpfe zu verhindern. Inhalieren Sie die Dämpfe mehrmals täglich 5 bis 10 Minuten. Nehmen Sie zur Ergänzung der Behandlung morgens und abends ein heißes Bad. Verwenden Sie als Zusatz je 2 Tropfen Eukalyptus und Niaouli. Die Badedauer sollte nicht mehr als 10 Minuten betragen. Trocknen Sie sich anschließend gut ab und wickeln Sie sich in einen warmen Bademantel. Legen Sie sich wieder ins Bett und trinken Sie heißen Tee. Halten Sie die Badezimmertür beim Baden geschlossen, damit die Dämpfe nicht verloren gehen. Vergessen Sie nicht, das Badezimmer gut vorzuheizen.

Sie können auch einige Tropfen des zur Inhalation bestimmten Öls auf ein Taschentuch aus Baumwolle träufeln und den Duft tief einatmen.

Nachdem die Symptome abgeklungen sind, sollten Sie die Essenzen noch weitere zehn Tage als Badezusatz und zum Einreiben der Brust verwenden. Trinken Sie auch weiterhin einmal täglich den Kräutertee und viel frischgepreßten Zitronensaft, um die Abwehrkräfte zu stärken und einer wiederholten Erkrankung vorzubeugen.

Mischen Sie folgende Essenzen miteinander und füllen Sie das fertige Öl in eine Glasflasche. Es wird Ihnen helfen, sich vor Erkältungen und Grippe zu schützen, besonders wenn Sie mit infizierten Kollegen in einem Büro arbeiten.

1 Tropfen Eukalyptus
1 Tropfen Gewürznelke
1 Tropfen Kiefer
1 Tropfen Zimt
1 Tropfen Niaouli
2 Eierbecher Mandelöl (oder anderes pflanzliches Öl)

Zur Raumdesinfektion spritzen Sie einige Tropfen dieser Mischung auf ein leicht befeuchtetes Baumwolltuch und legen es auf die Heizung. Mischen Sie einige Tropfen Kiefer-, Gewürznelken-, Eukalyptus- und Zimt-Essenz mit Wasser, füllen Sie die Flüssigkeit in einen Zerstäuber und versprühen Sie sie im Zimmer.

Zur weiteren Vorbeugung kann man Brust und Nase mit einer Essenz-Ölmischung einreiben.

Halsentzündung

Halsentzündung steht oft mit einer Grippe oder einer Erkältung in Verbindung und kann sehr unangenehm sein. Gurgeln Sie zur Linderung der Schmerzen mit einer der folgenden Mischungen (etwa sechsmal täglich):

1 Abgekühltes abgekochtes Wasser, Honig und den frischgepreßten Saft einer halben Zitrone
2 Kochen Sie eine Handvoll getrocknete Rosenblütenblätter
  2 Minuten lang in 1 Liter Wasser und lassen Sie das Ganze
  5 Minuten lang ziehen. Fügen Sie 1 Tropfen ätherisches
  Zitronenöl oder den Saft einer Zitrone zu der abgekühlten
  Flüssigkeit.

Sie können auch eine dieser Mischungen zunächst sechsmal
täglich trinken und anschließend noch zweimal täglich.

Ohrenschmerzen

Bei Grippe oder Erkältung kommt es häufig zu Ohrenschmerzen, als Folge der sich ausbreitenden Nasen- und Racheninin-
fektion. Dabei handelt es sich meist nicht nur um eine Entzündung der Ohren, sondern auch um eine Verminderung
des Hörvermögens in Begleitung mit leichtem Fieber.

Zur Behandlung dieser Infektionskrankheit erwärmen Sie
in einer Tasse etwas Mandelöl, fügen entweder eine zer-
drückte Knoblauchzehe oder einen Teelöffel fein gehackte
Zwiebel hinzu und lassen das Ganze einige Stunden ziehen.
Vor dem Schlafengehen träufeln Sie mit dem Tropfenglas einige Tropfen des vorbereiteten Öls ins Ohr und dichten es mit
Watte ab. Reinigen Sie das Ohr mit einer Mischung aus
2 Tropfen Nelkenessenz und 1 Eierbecher Sojaöl, um weiteren Infektionen vorzubeugen – und um den Knoblauch- und
Zwiebelgeruch zu vertreiben.

Tonsillitis

Hierbei handelt es sich um eine schmerzhafte Entzündung
der Mandeln. Oft sind die Mandeln stark angeschwollen, wo-

durch das Schlucken erschwert wird. Manchmal wird die Mandelentzündung auch von anderen unangenehmen Symptomen begleitet, wie Husten, Fieber, Schüttelfrost, Übelkeit, verstopfte Nase und eitrigem Katarrh.

Zur Behandlung dieser Infektionskrankheit gurgeln Sie mit einer der im vorhergehenden Abschnitt über Halsentzündung empfohlenen Mischungen. Trinken Sie zusätzlich viel frischen, kalten Ananassaft, der eine schleimlösende Wirkung hat und Vitamin-C-haltigen Hagebuttentee und/oder frischgepreßten, mit Wasser verdünnten Zitronensaft, der je nach Wunsch mit Honig gesüßt werden kann.

Ein hervorragendes Mittel zur Linderung der Beschwerden sind Eiswürfel, die aus abgekochtem Wasser, frischem Zitronen- und Ananassaft hergestellt werden. Lutschen Sie davon, soviel Sie möchten.

Bronchitis

Unter Bronchitis versteht man eine Entzündung der Bronchien. Sie wird häufig durch eine Bakterien- oder Virusinfektion ausgelöst. Man unterscheidet zwischen akuter oder chronischer Bronchitis. Schlechte Körperhaltung, wenig Bewegung und nervliche Anspannung erhöhen die Anfälligkeit für Bronchitis, weil es zu einer Beeinträchtigung der Lungenfunktion kommt. Mangelhafte Ernährung, bei der der Körper nicht ausreichend mit Nährstoffen versorgt wird, und die zu einer Schwächung der Abwehrkräfte führt, erhöht das Risiko einer Erkrankung der Bronchien ebenso wie Nikotin.

Die natürliche Schleimabsonderung gewährleistet eine intakte Funktion des Atmungsapparates und der Nasengänge. Im Schleim ist ein natürliches Antibiotikum enthalten, das beachtliche Mengen an Milchsäure aufweist, die zur vermehrten Bildung von nützlichen Bakterien führt und somit die körpereigene Abwehr steigert. Tabakrauch und andere Verunreinigungen der Luft, wie Schwefeldioxyd, können das Gleichgewicht dieser Bakterien stören und eine Anfälligkeit für bronchiale Infekte erhöhen. Um einer solchen Erkrankung vorzubeugen oder einer Verschlechterung entgegenzuwirken, sollte man diese schädlichen Einflüsse meiden.

Das Abhusten von Schleim aus den entzündeten Bronchien verursacht oft Schmerzen. Fieber, Brustschmerzen und sogar Schmerzen zwischen den Schulterblättern sind häufig Begleiterscheinungen einer Bronchitis. Um eine Verschlimmerung der Krankheit zu verhindern, sollte man sich vor feuchter, kalter Luft schützen. Auch direkte Wärme, wie offenes Feuer oder Heizluft, ist nicht sehr förderlich.

Um einer Bronchitis langfristig entgegenzuwirken, sollten Sie beim Kochen möglichst nicht mit Knoblauch und Zwiebeln sparen (am besten roh). Essen Sie zur Vorbeugung und zur Behandlung täglich 2 bis 4 Knoblauchzehen, vor allem in den Wintermonaten. Bei Kindern hilft es, wenn man 3 Tropfen Jodtinktur mit Milch und etwas Honig vermischt. Diese Mischung sollte drei Monate lang täglich getrunken werden.

Zur Behandlung einer Bronchitis verwenden Sie folgende Mischung:

1 Tropfen Eukalyptus
1 Tropfen Ysop
1 Tropfen Kiefer
1 Eierbecher Mandelöl (oder anderes Pflanzenöl)

Verwenden Sie 10 Tropfen der Mischung als Badezusatz oder inhalieren Sie die Dämpfe, indem Sie 4 Tropfen mit handwarmem Wasser mischen. Decken Sie dabei ein Handtuch über den Kopf.

Außerdem sollten Sie die Brust jeden Morgen und Abend mit dieser Mischung einreiben.

Bei akuter Bronchitis kocht man 5 Gewürznelken und 6 Eukalyptusblätter 2 Minuten in Wasser. Lassen Sie den Tee mindestens 5 Minuten ziehen. Fügen Sie dann den Saft einer halben, frischgepreßten Zitrone hinzu.

Trinken Sie so oft wie möglich frischen Ananas- und Zitronensaft, Rosenblüten- und Hagebuttentee und verwenden Sie zum Süßen etwas Honig.

Sinusitis

Bei Sinusitis handelt es sich um eine Entzündung der Nasennebenhöhlen. Verstopfte Nase, Eiterbildung, Müdigkeit, Kopfschmerzen, Ohrenschmerzen, Augendruck, leichtes Fieber und Husten sind die Symptome dieser Erkrankung. Sinusitis ist oft die Folge eines Schnupfens oder einer Mandelentzündung, sie kann aber auch durch Vitamin-A-Mangel und übermäßiges Rauchen ausgelöst werden. Mangelhafte Mundhygiene und naßkaltes Wetter tun das ihrige dazu. Zur Vorbeugung ist es am besten, mindestens drei Monate lang täglich 2 bis 4 Kapseln Dorschleber- oder Heilbuttöl einzunehmen.

Inhalieren Sie zur Behandlung der Krankheit 3 Tropfen der folgenden Mischung, in einer Schüssel mit heißem Wasser aufgelöst:

1 Tropfen Niaouli
1 Tropfen Eukalyptus
1 Tropfen Kiefer
1 Eierbecher Mandelöl

Sie können auch 10 Tropfen dieser Mischung als Badezusatz verwenden oder Brust und Nebenhöhlen damit einreiben.

Die Behandlung sollte nach Abklingen der Symptome noch zwei Monate lang fortgesetzt werden, um die Krankheit vollkommen auszukurieren.

Arthritis und Rheuma

Arthritis ist eine schmerzhafte Entzündung der Gelenke, die zum Teil auch mit einer Gelenksteife einhergeht. Manchmal ist die Ursache eine vermehrte Bildung von Gelenkschmiere, was zu Schwellungen führt und die Beweglichkeit der Gelenke beeinträchtigt. Man unterscheidet zwei verschiedene Arten von Arthritis: die Osteochondritis und die rheumatische Arthritis. Beide Erkrankungen sind häufig die Folge von Verletzungen, körperlicher Überbeanspruchung oder zu großen emotionalen Belastungen.

Eine rheumatische Entzündung kann auch auf das weiche Gewebe, die umliegenden Bänder, Sehnen und Muskeln – die für die Beweglichkeit der Gelenke verantwortlich sind – übergreifen. Vor noch nicht allzu langer Zeit hielt man Rheumatismus für eine Art Virusinfektion. Diese Meinung ist heute nicht mehr gültig, da bislang kein entsprechender Erreger isoliert bzw. identifiziert werden konnte. Verschiedene Rheumaerkrankungen haben Bindegewebsentzündungen, Muskelrheumatismus oder Nervenentzündungen zur Folge, die nicht nur die Nerven selbst, sondern auch die das Rückenmark umgebende Hülle befallen. Ischias ist eine solche Nervenentzündung. Sie betrifft den Ischiasnerv, der vom hinteren Oberschenkel an der Innenseite des Beins bis hinunter zum Fußknöchel verläuft.

Beim sogenannten Hexenschuß spürt man heftigen Schmerz in der Lendengegend, der einen praktisch bewegungsunfähig macht. Auch die ›eingefrorene Schulter‹ und der ›Tennisarm‹ fallen in diese Kategorie.

Gelenkprobleme und Beschwerden des Bindegewebes sind die Hauptursachen von Arthritis und Rheumatismus. Eine mangelhafte Funktion der Nieren sowie eine Ernährung, die zur Unterversorgung von Mineralstoffen, vor allem Kalzium und Magnesium (erforderlich zur Bildung von Gelenkschmiere) führt, erhöht in besonderem Maß die Anfälligkeit für solche Erkrankungen.

Behandlung von Arthritis

1 Tropfen Thymian
1 Tropfen Rosmarin
1 Tropfen Wacholder
1 Tropfen Sassafras
1 Eierbecher Mandelöl

Mischen Sie alle Zutaten miteinander und füllen Sie das Öl in eine Flasche ab. Massieren Sie das Öl auf die betroffenen Stellen und umwickeln Sie diese anschließend mit einem warmen und feuchten Handtuch. Wenden Sie die Behandlung – wenn möglich – viermal täglich an.

Behandlung von Rheuma

1 Tropfen Oregano
1 Tropfen Wacholderbeere
2 Tropfen Rosmarin
1 Eierbecher Mandelöl

Mischen Sie alle Zutaten und füllen Sie die Flüssigkeit in eine Flasche. Massieren Sie das Öl wie oben beschrieben viermal täglich auf die betroffenen Stellen. Diese Behandlung hilft auch bei Ischias, Tennisarm, Hexenschuß usw.

Heuschnupfen

Heuschnupfen tritt vor allem im Frühjahr und in den Sommermonaten auf. Normalerweise sind davon Menschen betroffen, die zu Allergien neigen und auf alle möglichen Pollenarten – hauptsächlich aber auf Graspollen – allergisch reagieren. Ein typisches Merkmal für Heuschnupfen ist eine Reizung der Augenmembran und der Nasengänge, was dazu führt, daß die Nase wie bei gewöhnlichem Schnupfen läuft; außerdem kommt es zu Jucken in der Nase, in den Augen und im Rachen.

Heftiges, häufiges Niesen und/oder Husten sind weitere Begleiterscheinungen eines Heuschnupfens. Es kommt bei dieser Krankheit auch oft zu leichten Schwellungen, da die bei einer allergischen Reaktion gebildeten Histamine Wasseransammlungen im Gewebe verursachen. Daher neigt die Haut auch leicht zu Juckreiz.

Auch andere Allergene, die sich in der Luft befinden, wie Staub, gewisse Gerüche, Schimmelpilze und chemische Schadstoffe, können ähnliche Symptome hervorrufen. Eine schlechte Atemtechnik kann ebenfalls ein Faktor sein, der die Anfälligkeit für Heuschnupfen erhöht, da dem Körper nicht genügend Sauerstoff zugeführt wird und somit Kohlendioxyd in den Blutkreislauf gelangen kann.

Schlechte Körperhaltung, übermäßiges Rauchen und wiederholt auftretende Verstopfung behindern eine reibungslose Ausscheidung von giftigen Stoffen, die als Abfallprodukte des Stoffwechsels entstehen. Als Folge werden diese Stoffe durch einen Katarrh oder starke Schleimbildung im Verdauungstrakt abgegeben. Milch und Käse fördern die Bildung solcher Abfallprodukte und sollten daher von Heuschnupfenpatienten gemieden werden. Man kann sie z. B. durch Sojamilch ersetzen.

Behandlung

Nehmen Sie täglich ¼ Teelöffel Pollengranulat (denn eine kleine Dosis scheint äußerst nützlich zu sein). Auch Knoblauch eignet sich gut zur Behandlung von Heuschnupfen und anderen Beschwerden der Atemorgane. Verwenden Sie frischen Knoblauch zum Würzen Ihrer Speisen oder nehmen Sie täglich Knoblauchpillen ein.

Bereiten Sie einen Sud aus Kiefernnadeln und Eukalyptusblättern, die Sie in 500 ml Wasser kochen. Trinken Sie viel Vitamin-C-haltigen Hagebuttentee, denn bei einem Heuschnupfenschub werden sämtliche Vitamin-C-Reserven des Körpers verbraucht.

Bei entzündeten, juckenden Augen hilft eine mit Maismehl-, Kamillen- oder Ringelblumentee getränkte Kompresse.

Asthma

Asthma ist ein Leiden der Atemwege, das häufig in Verbindung mit Bronchitis, nervösen Störungen und Heuschnupfen auftritt. In den meisten Fällen sind davon Menschen betroffen, die zu Nervosität neigen. Bei einem Asthmaanfall kommt es zu heftigen Atembeschwerden, was häufig sogar in Erstickungsanfällen enden kann. Es entsteht ein Gefühl, als würde die Brust zugeschnürt, und man muß husten, um den Schleim zu lösen.

Asthmapatienten sollten stimulierende Mittel wie schwarzen Tee, Schokolade und Kaffee möglichst ganz vermeiden und durch Kräutertees ersetzen. Verwenden Sie hierzu Eukalyptus und Thymian oder Passionsblume, Kamille, Baldrian und Anis. Asthmatiker sollten keine Dampfbäder mit ätherischen Ölen anwenden, da sie häufig zu Allergien neigen und die Duftmoleküle einen Anfall verschlimmern könnten.

Mundgeruch

Mundgeruch kann viele verschiedene Ursachen haben. Verwenden Sie folgende Mundspülung, um den Atem zu verbessern und zu erfrischen: Nehmen Sie eine Tasse oder ein Glas abgekühltes, abgekochtes Wasser, fügen Sie 1 Tropfen Myrrhe-Essenz hinzu und gurgeln Sie mit der Lösung.

Parodontose

Bei Parodontose handelt es sich um eine Entzündung des Zahnfleisches. Man sollte den Mund mindestens einmal täglich gründlich ausspülen. Das folgende Rezept eignet sich auch zur Behandlung offener Stellen im Mund oder bei einer eitrigen Halsentzündung.

Kochen Sie eine Handvoll Salbei zwei Minuten lang in 1 Liter Wasser und lassen Sie den Sud fünf Minuten lang ziehen. Fügen Sie 1 Tropfen ätherische Myrrhen-Essenz hinzu, und verreiben Sie die Lösung mit einer weichen, seidigen Zahnbürste auf den betroffenen Stellen.

Hämorrhoiden

Baden Sie die betroffenen Stellen in sehr kaltem Wasser und verwenden Sie als Zusatz eine Mischung aus 1 Tropfen Myrrhen-Essenz, 1 Tropfen Zypressen-Essenz und 3 Teelöffel Sojaöl.

5. Kapitel

Aromatherapie
und
Schönheit

Wahre Schönheit ist der Ausdruck innerer Gesundheit, Jugendlichkeit und Sexualität, und nichts ist attraktiver als eine frische, makellose Erscheinung, die Lebensfreude ausstrahlt.

Am schönsten ist ein ungeschminktes Gesicht, und man sollte sich nicht auf Kosmetika verlassen, wie es Frauen vor zehn Jahren taten, um einen unvollkommenen Teint zu verbergen. Da Frauen für die Gesichtspflege immer mehr Geld ausgeben, gab es auf dem Kosmetikmarkt während der letzten fünfzig Jahre ein phänomenales Wachstum im Angebot von Hautpflegeprodukten. Der Haken an der Sache ist, daß die angebotenen Cremes nur eine minimale Veränderung zustande bringen, da sie nur auf der Hautoberfläche wirksam werden. Der Zustand der Haut wird vor allem durch innere Gesundheit bestimmt, und viele Frauen haben deshalb eine schlechte Haut, weil ihr Körper ständig gegen den hektischen Lebensstil des 20. Jahrhunderts ankämpfen muß: schnelle, praktische Mahlzeiten aus denaturierten Nahrungsmitteln, Streß, Bewegungsmangel und industrielle Umweltverschmutzung. All das und vieles mehr zerstört die natürliche Beschaffenheit der Haut.

Königin Hatschepsut, weiblicher Pharao Ägyptens, wußte mehr über Schönheit als die meisten Frauen und war ihrer Zeit um Jahre voraus, denn sie erkannte, daß Aromatherapie die beste Hautpflege ist. Da ätherische Öle die Fähigkeit besitzen, in die Haut einzudringen und dazu beizutragen, die Funktion kranker Körperorgane wiederherzustellen, verschönern sie die Haut von innen heraus.

In diesem Kapitel werde ich mich damit befassen, wie Sie durch die tägliche Anwendung ätherischer Öle das Beste aus Ihrer Haut machen und geringfügige Störungen wie fettige oder trockene Haut beseitigen, Hautprobleme wie Akne, Schuppenflechte und Ekzeme behandeln und man der Faltenbildung durch Verzögerung des Alterungsprozesses entgegenwirken kann.

Das Gesicht

Um die Wirkungsweise ätherischer Öle besser zu verstehen, ist es wichtig, mehr Einzelheiten über den Aufbau und die Funktionen der Haut zu kennen.

Die äußere Hautschicht, die Epidermis, besteht aus vielen einzelnen Lagen von Hautzellen. In der untersten Schicht werden neue, runde und dralle Hautzellen gebildet, die auf ihrem Weg zur Hautoberfläche Feuchtigkeit verlieren, immer flacher werden und schließlich als tote Hautschuppen abgestoßen werden. Diesen Vorgang nennt man Exfolation. Bis zum Zeitpunkt der Abschuppung enthalten die Hautzellen ein Protein, das Keratin heißt, derselbe Stoff, aus dem Fingernägel bestehen, und sind daher ziemlich trocken und schuppig. Im Durchschnitt dauert es etwa 120 Tage bis neue Zellen gebildet werden, an die Hautoberfläche gelangen und abgestoßen werden. Dieser Zeitraum kann jedoch variieren und richtet sich nach bestimmten Faktoren wie Alter etc.

Unter der Epidermis liegt die innere Hautschicht. Sie hat die Funktion eines Polsters und verleiht der Haut Festigkeit, Halt und Konturen.

Die innere Hautschicht besteht aus einem geordneten Netzwerk widerstandsfähiger Kollagenfasern. Sie sind aus proteinhaltigem Material und bilden das sogenannte Bindegewebe. Die Elastinfasern sind eher für die Geschmeidigkeit und Elastizität der Haut verantwortlich, als für die Festigkeit. Eine junge, gesunde Haut kann ihren Umfang aufgrund dieser Elastizität um fünfzig Prozent vergrößern, eine Fähigkeit, die im zunehmenden Alter nachläßt. In der inneren Haut befinden sich unzählige kleine Kapillargefäße, die die Hautzellen mit Sauerstoff und lebensnotwendigen Nährstoffen versorgen und giftige Abfallprodukte abtransportieren. Sie ist außerdem mit Nervenenden übersät, die von Haarfollikeln umgeben sind und eine Art Wahrnehmungsapparat bilden, um Botschaften von der Hautoberfläche bezüglich Temperatur, Berührung und Schmerz weiterzugeben und eine entsprechende Reaktion hervorzurufen. Auch die Talgdrüsen befinden sich in der inneren Hautschicht, sind aber durch die an der Hautoberfläche angesiedelten offenen Poren mit der äußeren Hautschicht verbunden. Diese Drüsen produzieren eine fettige Substanz, die man Talg nennt. Ihre Funktion besteht darin, die Haut zu ölen und in den Zellen Feuchtigkeit zu binden. Es hängt von der Tätigkeit der Talgdrüsen ab, ob die Haut normal, fettig oder trocken ist. Zum anderen ist der Hauttyp genetisch festgelegt, z. B. neigen blonde Menschen eher zu empfindlicher Haut als dunkelhaarige. Wenn Ihre Haut optimal aussehen soll, ist eine entsprechende Pflege unerläßlich.

Normale Haut

Menschen mit normaler Haut haben Glück, denn sie haben wenig Probleme damit. Doch man sollte auch diese Haut sorgfältig pflegen, um ihre Geschmeidigkeit und das Gleichgewicht der Talgdrüsen aufrechtzuerhalten: Müdigkeit, Krankheit, schneller Gewichtsverlust, Nikotin- und Alkoholgenuß können dieses empfindliche Gleichgewicht stören. Um zu testen, ob Ihre Haut normal ist, schließen Sie die Augen und legen Sie den Zeigefinger auf die Stirn. Wenn sich die Haut etwas feucht, aber nicht fettig anfühlt, dann ist sie normal. Reinigen Sie die Haut mit warmem Wasser und einer Seife mit neutralem pH-Wert und verwenden Sie anschließend ein Gesichtswasser aus Rosentee. Tragen Sie täglich ein Gesichtsöl auf. Dieses Öl können Sie selbst herstellen, indem Sie 1 Tropfen Rosenöl und 1 Tropfen Kamillenöl mit 2 – 4 Teelöffeln Mandelöl vermischen. Tragen Sie das Öl morgens und abends auf.

Eine gründliche Massage fördert nicht nur die Aufnahme der ätherischen Öle, sondern regt auch die Durchblutung an und erhöht die Versorgung der Hautzellen mit frischem Blut. Lassen Sie dabei die Finger von der Stirnhöhlenpartie über Wangen und Kinn kreisen, streichen Sie scherenartig über die Stirn und dann abwärts zu Hals und Nacken.

Legen Sie einmal wöchentlich eine Gesichtsmaske auf zur gründlichen Reinigung der Poren. Sie können Ihre eigene Rosen- und Hafermehlmaske herstellen, indem Sie 1 Tasse Hafermehl in ein Mixgefäß geben und langsam kochendes Wasser hinzuschütten. Verrühren Sie die Mischung zu einer dicken Paste. Fügen Sie 1 Tropfen Rosen-Essenz und etwas Soja- oder Mandelöl hinzu, um ein Austrocknen der Haut zu verhindern. Sie können statt der Maske auch jeweils eine Packung auf Stirn und Wangen und eine weitere auf Kinn und Nacken legen. Man nimmt dazu Gaze, schneidet sie in vier rechteckige Teile und bestreicht jeweils eines mit der Hafermehl-Mischung und legt ein zweites darüber. Diese ›Sandwiches‹ legen Sie auf das Gesicht und bedecken die Augen mit Baumwolläppchen, die in Rosenwasser getränkt wurden.

Ruhen Sie sich 10 Minuten aus und versuchen Sie sich zu entspannen. Auch normale Haut sieht hin und wieder stumpf und leblos aus. Man kann die Durchblutung der Haut mit Massage, Wechselduschen und viel Gymnastik anregen und so zu einer Verbesserung des Teints beitragen. Achten Sie auf eine hautfreundliche Ernährung mit viel Vitamin C, Vitamin A und dem gesamten B-Komplex.

Fettige Haut

Im Erwachsenenalter treten zuweilen drastische Hormonveränderungen auf und verursachen häufig eine Überproduktion der Talgdrüsen, wodurch die sogenannte Seborrhö entsteht. Die Haut glänzt, die Poren sind vergrößert, man leidet unter Mitessern und Pickeln.

Fettige Haut läßt sich leicht feststellen: Man legt Löschpapier oder anderes feines, fettabweisendes Papier auf die verschiedenen Hautpartien. Die Fettrückstände auf dem Papier geben Aufschluß über den Zustand der Haut. Normalerweise leiden hauptsächlich Menschen unter diesem Problem, die in heißen Ländern leben und scharfe Speisen zu sich nehmen. Beide Faktoren regen nämlich die oft schon überaktiven Drüsen dazu an, noch mehr Talg zu produzieren. Falls Ihre Haut zu übermäßiger Talgabsonderung neigt, sollten Sie beachten, daß sich der Zustand durch den Genuß von schwarzem Tee, Kaffee und Nikotin, fetthaltigen Lebensmitteln wie Kuchen, Süßigkeiten und Kekse sowie durch emotionale Belastungen wie Angst und Ärger verschlechtern kann.

Oft haben Menschen, die unter chronischer Verstopfung leiden, eine fettige Haut. Es ist also wichtig, anhand der Nahrung natürliche Fasern oder Ballaststoffe aufzunehmen; man findet sie in rohem Obst, Gemüse, Hülsenfrüchten und allen Getreidesorten.

Spezielle ätherische Öle sind bei der Behandlung der fettigen Haut sehr hilfreich. Sie besitzen einen regulierenden Einfluß auf die Talgdrüsen, vermindern deren Aktivität und tragen so dazu bei, daß sich die Haut wieder normal verhält.

Behandlung

Reinigen Sie die Haut mit einer milden, neutralen Seife und kaltem Wasser. Verzichten Sie auf Reinigungsmilch oder -creme, denn sie würden einen unerwünschten Fettfilm auf der Haut hinterlassen. Spülen Sie erst mit warmem, anschließend mit kaltem Wasser nach, und befeuchten Sie die Haut zum Schluß mit verdünnter Hamamelis-Essenz.

Mischen Sie ein Gesichtsöl aus 1 Tropfen Wacholderöl, 1 Tropfen Geraniumöl und 2 Teelöffeln Soja- oder Jojobaöl. Verteilen Sie etwas Öl auf den Handflächen und massieren Sie es sanft in die Haut ein. Wiederholen Sie den Vorgang, nachdem die erste Schicht völlig in die Haut eingezogen ist. Tauchen Sie ein kleines Handtuch in heißes Wasser und warten Sie, bis es etwas abgekühlt ist. Bedecken Sie damit das Gesicht wie mit einer Kompresse, um das Eindringen der Essenzen zu beschleunigen.

Einmal wöchentlich sollten Sie Ihrer Haut ein Dampfbad gönnen. Füllen Sie eine Schale mit kochendem Wasser, 1 Tropfen Wacholderöl und 1 Tropfen Geraniumöl, und beugen Sie das Gesicht über die aufsteigenden Dämpfe.

Trockene Haut

Bei trockener Haut sind die Talgdrüsen unfähig, die nötige Menge Fett zu produzieren, die die Haut davor bewahrt, Feuchtigkeit zu verlieren. Die Haut fühlt sich gespannt an, so als ob sie straff über das Gesicht gespannt sei, und neigt leicht zu Schuppen. Trockene Haut ist nicht so geschmeidig wie normale Haut und neigt daher mehr zu feinen Linien an der Oberfläche, wodurch eine frühzeitige Hautalterung begünstigt wird. Sie ist äußerst empfindlich und reagiert auf scharfe Reinigungsmittel und Kosmetik sofort mit Irritationen, Rötungen und Flecken.

Es gibt eine Reihe Faktoren, die den Zustand trockener Haut verschlimmern und sogar der sonst normalen Haut Feuchtigkeit entziehen. Innere Ursachen sind beispielsweise Krankheit, ein ernährungsbedingter Mangel an lebensnotwendigen Nahrungsmitteln (besonders Vitamin F, die gesättigten Fettsäuren), plötzlicher und schneller Gewichtsverlust, die Einnahme von Medikamenten wie Antibiotika und Beruhigungsmittel, sowie übermäßiger Alkoholkonsum. Äußere, umweltbedingte Risiken treten auf, wenn die Haut häufig direktem Sonnenlicht (Sonnenbanken), Heizluft und eiskaltem Wind ausgesetzt ist.

Behandlung

Wenn die Haut spannt, sollte man sie nie öfter als einmal wöchentlich reinigen und nur mit einer sehr milden Seife.

Zur täglichen Reinigung eignet sich ein Gesichtswasser aus Kamillenblüten, die man in kochendem Wasser ziehen läßt (Sie können auch Teebeutel verwenden). Die abgekühlte Lösung mischt man mit einigen Tropfen Jojobaöl und wäscht das Gesicht damit. Ein Gesichtsöl mit wunderbarer Wirkung erhält man, wenn man 4 – 5 Teelöffel Mandelöl mit 2 – 2 ½ Teelöffeln Rizinusöl (oder 2 Teile Mandelöl und 1 Teil Rizinusöl) und ¼ Teelöffel Lebertran, 1 Tropfen Kalendula, 1 Tropfen Ysop sowie 1 Teelöffel Weizenkeimöl mischt.

Massieren Sie das Öl mit leichten, streichenden Bewegungen in die Haut, denn trockene Haut ist sehr empfindlich und reagiert schnell gereizt, wenn man sie nicht sanft behandelt. Lassen Sie das Öl 10 Minuten einziehen und legen Sie eine warme Kompresse auf, die zuvor mit Rosen- oder Lindenblütentee getränkt wurde. Sobald sich der Zustand der Haut verbessert hat, können Sie auch ein Öl anwenden, das sich nur aus Mandelöl und ätherischen Ölen zusammensetzt.

Mischhaut

Die Mischhaut weist sowohl fettige als auch trockene Partien auf, und ihr Zustand wird häufig durch den Wechsel der Jahreszeiten stark beeinträchtigt. Die meiste Zeit über kann sie wie normale Haut behandelt werden, nur wenn die Talgdrüsen der sogenannten Mittelpartie – Nase, Stirn und Kinn – überaktiv werden, ist es ratsam, diese Zonen mit dem für fettige Haut empfohlenen Gesichtsöl zu pflegen. Dies ist meist bei Streßeinwirkung oder kurz vor Einsetzen der Regelblutung der Fall.

Aufgedunsene Haut

Wenn das Gewebe des Körpers mit Wasser überschwemmt ist, wirkt die Gesichtshaut oft aufgedunsen und geschwollen, besonders in den Partien unter den Augen. Das passiert oft kurz vor Beginn der Menstruation – denn Frauen neigen in dieser Zeit schnell zu Wasseransammlungen –, nach einer Krankheit, bei Medikamenteneinnahme oder bei Allergien wie Heuschnupfen, da die Nebenhöhlen gereizt reagieren. Manchmal ist es auch ein Hinweis darauf, daß die Nieren nicht richtig arbeiten oder daß unverdaute Nahrung in den Blutkreislauf gelangt ist. Zur Linderung von Ödemen sollten Sie die Haut mit einer milden Seife waschen und mit kaltem Wasser nachspülen. Kochen Sie eine Prise getrocknete Kamillenblüten in 500 ml Wasser, tauchen Sie eine Gazekompresse in den Tee und bedecken Sie die Haut damit – Sie können der Einfachheit halber auch Teebeutel verwenden.

Mischen Sie ein Gesichtsöl aus 1 Tropfen Sandelholz und 1 Tropfen Geranium oder 1 Tropfen Cypressen und 1 Tropfen Sandelholz mit 2 Teelöffeln kaltgepreßtem Mandelöl. Massieren Sie damit die Gesichtshaut, wobei Sie um die Nasen- und Mundpartie kräftig drücken sollten. Wenden Sie erneut eine Kamillenkompresse an und lassen Sie diese 5 – 10 Minuten aufliegen, damit sich die Wirkung der ätherischen Öle voll entfalten kann. Verwenden Sie nachts nie eine reichhaltige Augencreme, denn dadurch würde die Haut nur noch mehr anschwellen. Was die Ernährung betrifft, sollten Sie Pfeffer und vor allem Salz meiden – besonders wenn Sie zu prämenstruellen Wasseransammlungen neigen.

Geplatzte Äderchen

Hierbei handelt es sich um ein typisches Leiden angelsächsischer Frauen, denn vor allem Menschen mit zarter, heller Haut, die leicht einen Sonnenbrand bekommen, sind davon betroffen. Auf den Wangen werden feine spinnennetzartige Äderchen sichtbar und lassen die Haut gerötet aussehen. Oft sind die Gefäße nicht wirklich geplatzt, sondern nur dünn und durchscheinend.

Es ist sehr wichtig, anregende Mittel wie schwarzen Tee, Kaffee und Schokolade sowie Alkohol zu vermeiden, da sie eine Erweiterung der Adern begünstigen. Die Haut sollte unbedingt vor direkter Sonneneinwirkung und kaltem Wind geschützt werden. Es ist auch nicht ratsam, anstrengenden Sport auszuüben. Wenn Sie zu geplatzten Äderchen neigen, sollten Sie das Gesicht nie mit heißem Wasser waschen und möglichst keine Dampfbäder oder heiße Bäder anwenden.

Bedecken Sie die Haut täglich mit einer kühlen, in Petersilientee getränkten Kompresse: Kochen Sie einen Bund frische Petersilie 2 Minuten lang in 500 ml Wasser und lassen Sie den Tee 5 Minuten ziehen, fügen Sie anschließend 1 Tropfen Rosenöl und 1 Tropfen Ringelblumenöl hinzu und lassen Sie die Flüssigkeit abkühlen.

Massieren Sie das Gesicht sanft mit einem Gesichtsöl aus 1 Tropfen Petersilie, 1 Tropfen Kamillen-Essenz, 2 Teelöffel Sojaöl und 1 Teelöffel Weizenkeimöl. Bei einer täglichen Anwendung dieses Öls werden Sie innerhalb weniger Monate feststellen, daß die starke Rötung des Teints verblaßt, denn die ätherischen Öle besitzen nicht nur die Fähigkeit, Gefäße zu entwässern, sondern auch zu stärken.

Wenn Sie zu geplatzten Äderchen neigen, sollte Ihre Ernährung viel Bioflavinide und Vitamin C enthalten. Beides ist für gesunde Blutgefäße unerläßlich und vor allem in Orangen, Grapefruits und Zitronen enthalten.

Hautprobleme

Die Haut ist ein Spiegel der körperlichen Verfassung, und die Beschaffenheit der Haut wird durch innere Veränderungen weit mehr beeinflußt als durch die Anwendung irgendwelcher Cremes. Aus diesem Grund sollte jedes Hautproblem als ein Zeichen betrachtet werden, daß der Gesundheitszustand nicht optimal ist. Um den Erfolg einer Behandlung zu gewährleisten, sollten Sie den Körper als Ganzes betrachten und nicht nur aus einem oberflächlichen Aspekt heraus. Hautstörungen sind manchmal das Ergebnis einer jahrelangen, mangelhaften Ernährung, akuter emotionaler Ängste oder einer biochemischen Störung, z. B. Erhöhung des Blutzuckers oder Diabetes. Sie können aber auch eine Reaktion auf aerosolhaltige Sprays, Antibiotika oder andere Medikamente und sogar Hautpflegeprodukte darstellen. Die Haut ist ein Organ mit vielen verschiedenen Funktionen. Sie trägt dazu bei, die Körpertemperatur konstant zu halten, indem übermäßige Hitze in Form von Schweiß ausgeschieden wird und eine Kühlung bewirkt, wenn er auf der Hautoberfläche verdampft. Auf die gleiche Weise werden auch Giftstoffe oder unerwünschte Abfallprodukte des Körpers beseitigt. Wenn man nun diese natürlichen Entschlackungswege durch die Anwendung schweißhemmender Mittel und Make-up abblockt, kommt es zu einer Ansammlung von Giftstoffen in den unteren Hautschichten, und es entstehen Pickel und Pusteln. Hautunreinheiten sind oft ein klares Zeichen dafür, daß die Reinigungsorgane des Körpers, in erster Linie die Leber und Nieren, nicht richtig arbeiten und die Abfallstoffe nicht abtransportiert werden; die Haut wird zu einer Art Mülldeponie, um den Körper von diesen unerwünschten Substanzen zu befreien. Sobald Leber und Nieren wieder normal funktionieren, verbessert sich der Zustand der Haut sehr schnell. Das Auftreten von Ekzemen ist oft das Symptom einer innerlichen Erkrankung oder Störung; sie dienen dem Körper dazu, sich von seinen Leiden zu befreien. Behandelt man ein Ekzem mit Medikamenten, so behindert man den Körper, die Ursachen seiner Krankheit auszuscheiden. Die Krankheit wird unterdrückt und kann nach einigen Jahren wieder ausbrechen. Diese Symptome können mit ätherischen Ölen sanft behandelt werden, ohne daß ein Schaden entsteht.

Akne

Akne ist eine Störung der Talgdrüsen und macht sich durch vergrößerte Poren, Mitesser, Pickel und Pusteln bemerkbar. Meist sind Hautpartien betroffen, auf denen viele dieser Drüsen angesiedelt sind – z. B. Gesicht und Rücken. Bei Akne handelt es sich um eine Überproduktion der Talgdrüsen, wobei die Haut mit dem überschüssigen Fett nicht mehr fertig wird und fettig aussieht. Gleichzeitig verstopfen die Poren, wodurch sie größer wirken, als sie tatsächlich sind, und es kommt zur Bildung von Mitessern. Wenn sich der Talg in den verstopften Poren mit Bakterien wie Staphylokokken infiziert – von denen es an der Hautoberfläche nur so wimmelt –, entstehen Pickel, die zu häßlichen Furunkeln werden können. Die Hautunreinheiten sind meist entzündet, und die Haut reagiert oft sehr empfindlich auf Berührung. Die Talgsekretion beginnt eigentlich im Uterus, was auch der Grund dafür ist, daß manche Babies mit einem schmierigen Belag auf der Haut geboren werden, der jedoch meist innerhalb der ersten zwei Lebensmonate verschwindet und keineswegs auf ein späteres Akneleiden hinweist. Akne entsteht häufig in der Pubertät, kann aber auch noch danach auftreten. Die Störung normalisiert sich meist nach dem 25. Lebensjahr, kann aber auch bis zum mittleren Lebensalter bestehen bleiben. Man nimmt an, daß der übermäßigen Talgproduktion eine Drüsenstörung zugrunde liegt, die das hormonelle Gleichgewicht durcheinander bringt. Durch diese Störung entsteht häufig ein Übergewicht von männlichen Hormonen oder Androgenen.

Während des Menstruationszyklus verändert sich der Zustand der Aknehaut, was die Vermutung, daß die Entstehung von Akne mit den Sexualhormonen zusammenhängt, bestätigt. Die Akne blüht meist etwa eine Woche vor Beginn der Periode. Sogar Frauen mit einer schönen Haut leiden in dieser Zeit manchmal unter Hautunreinheiten.

Da auch Streß und Angst den Hormonhaushalt beeinflussen, sind sie oft auslösende Faktoren für ein Akneleiden. Dabei wird ein Teufelskreis in Bewegung gesetzt, da Ärger ein vermehrtes Auftreten von Pickeln begünstigt und man sich darüber wieder ärgert.

Bei Akne hilft Bewegung, besonders im Freien, und eine vernünftige Ernährung. Achten Sie darauf, daß in den Mahlzeiten viele Nahrungsmittel mit Vitamin A, C, B_1, B_2 und B_6 enthalten sind, und essen Sie unbedingt viel frisches Obst und Gemüse. Fette Speisen wie Schweinefleisch und fettes Lammfleisch sollte man vermeiden. Auch durch schwarzen Tee, Kaffee, Alkohol und Zigaretten kann sich der Zustand verschlimmern. Trinken Sie statt dessen Mineralwasser und frische Obstsäfte, die Sie mit Wasser verdünnen.

Die Behandlung der Aknehaut mit ätherischen Ölen kann sehr langwierig sein. Doch die Essenzen helfen, die unangenehmen Symptome zu bekämpfen. Die Pusteln verschwinden, die Narben heilen, und die Entzündung geht zurück.

Die meisten Patienten, die mit diesem Hautproblem zu mir kamen, haben es schon mit Antibiotika und allen möglichen anderen Medikamenten versucht. Doch der Erfolg blieb aus. Einer der Aknepatienten mit typischen Symptomen war ein junges Mädchen. Sie hatte sechs Jahre lang starkes Antibiotikum eingenommen, doch die Haut sprach mit der Zeit nicht mehr auf die Behandlung an; es kam noch immer zur Bildung von Furunkeln, die Narben waren rot und entzündet. Sie hatte erst kürzlich ihren Job verloren und gespürt, daß ihre schlechte Haut und ihre unansehnliche Erscheinung schuld daran waren. Das Mädchen litt unter Depressionen, und sie benötigte dringend Hilfe, denn ihr Selbstvertrauen und ihre Selbstachtung waren auf dem Nullpunkt.

Ich erklärte ihr, daß die natürliche Behandlung einen langwierigen Heilungsprozeß einschließt, und sie dürfe keinen Erfolg über Nacht erwarten. Es könne sogar ein Jahr dauern, bevor eine deutliche Verbesserung sichtbar sein würde. Sie akzeptierte das und unterzog sich meiner Behandlung. Zunächst versuchte ich festzustellen, warum die Antibiotika-Therapie gar nicht geholfen hatte, und sie gab zu, uneingeschränkt Alkohol und Kaffee zu trinken und ihre Mahlzeiten in Form von Imbissen mit mangelhaftem Nährstoffgehalt einzunehmen.

Die Patientin setzte die Behandlung mit den ätherischen Ölen zu Hause fort. Der erste Fortschritt zeigte sich nach drei Monaten, einzelne Hautpartien klärten sich, und die Narben begannen zu heilen. Eineinhalb Jahre später hatte sie eine makellose Haut, und es war nicht mehr zu erkennen, daß sie je einmal etwas mit Akne zu tun hatte.

Eine weitere erfolgreiche Krankheitsgeschichte – glücklicherweise gibt es viele davon – ist die eines siebzehnjährigen Jungen, der vier Jahre lang unter Akne litt. Der Arzt verschrieb Antibiotika, doch schon nach drei Monaten ließ die Wirkung nach, und er mußte immer stärkere Medikamente einnehmen. Als ich ihn kennenlernte, war die Akne in einem fortgeschrittenen Stadium, sein Gesicht war geschwollen und von Abszessen übersät. Er kam nur einmal zu mir, weil sein Wohnort zu weit entfernt lag. Ich gab ihm ein Reinigungsmittel, Öl, Creme sowie reine ätherische Öle, die er unverdünnt auf die infizierten Stellen auftragen sollte. Nach einigen Monaten zeigten sich die ersten gesunden Hautpartien. Neun Monate nach seinem Besuch schickte er mir eine Fotografie, und ich konnte nicht glauben, daß es sich um ein und dieselbe Person handelte. Die Haut wirkte gepflegt und rein, bis auf ein paar Pickel, die jeder Teenager hat. Die lange Behandlungsdauer hatte sich also gelohnt.

Behandlung

Bei Akne werden leider häufig scharfe Reinigungsmittel und alkoholische Gesichtswasser verwendet, um alle Fettspuren zu entfernen. Doch die Haut braucht für ihren Schutz eine gewisse Menge Fett. Es dauert also nicht lange, bis die Talgdrüsen reagieren, indem sie noch mehr Fett produzieren und das Problem verstärken. Die Methode, eine ohnehin schon ölige Haut mit Öl zu behandeln, wird oft angezweifelt. Deshalb möchte ich darauf hinweisen, daß ätherische Öle aus Molekülen wie Alkohol, Phenol und Terpen bestehen, die schnell von der Haut aufgenommen werden und nur eine minimale Fettspur hinterlassen. Sie helfen nicht nur, das gestörte Gleichgewicht der Talgdrüsen wiederherzustellen, sondern halten aufgrund ihrer natürlichen, antibakteriellen Eigenschaften auch die Bakterien in Schach. Aufgrund ihrer Tiefenwirkung korrigieren sie die hormonelle Störung der Drüsen, doch das benötigt seine Zeit und erfordert viel Geduld.

Die Behandlung umfaßt Reinigung, Dampfbäder, die Anwendung eines Gesichtsöls zur allgemeinen Verbesserung der Haut sowie das Auftragen unverdünnter Essenzen zur Behandlung der Entzündungen.

Reinigung

Benutzen Sie zur Reinigung eine unparfümierte, saure Seife oder eine Seife mit einem neutralen pH-Wert. Waschen Sie das Gesicht mit heißem Wasser und spülen Sie anschließend gründlich mit kaltem Wasser nach. Wenn Sie ein Austrocknen der Haut befürchten, können Sie auch Mineralwasser oder destilliertes Wasser verwenden.

Stellen Sie ein Gesichtswasser her, indem Sie 1 Zweig frischen Thymian oder 1 Prise getrockneten Thymian in 2 Tassen Wasser kochen und 5 Minuten lang ziehen lassen. Vermischen Sie den Aufguß mit dem Saft 1 Zitrone und befeuchten Sie die Haut zwei- bis dreimal täglich damit. Männern empfehle ich, die Lösung nach der Rasur anzuwenden. Legen Sie abwechselnd eine Kompresse auf, tränken Sie ein Stück Gaze mit der Lösung und bedecken Sie das Gesicht 5 Minuten damit. Diese Behandlung ist besonders gut geeignet, bevor man abends ausgeht.

Dampfbäder

Solange die Akne sehr schlimm ist, sollte man drei- bis viermal wöchentlich ein Dampfbad anwenden und später auf einmal pro Woche reduzieren, sobald sich die erste Besserung einstellt. Kochen Sie genügend Wasser in einem Kessel, lassen Sie es auf handwarme Temperatur abkühlen (etwa 38°C), und füllen Sie es in eine Schüssel. Als Zusatz empfehle ich folgende Essenzen:

1 Tropfen Lavendel
1 Tropfen Kamille
1 Tropfen Petit Grain

Bei akuter Akne können auch die nachstehenden Essenzen verwendet werden:
   Neroli, Wacholder, Lavendel oder Gewürznelke.
   Bedecken Sie Kopf und Schüssel mit einem Tuch und lassen Sie die Dämpfe einige Zeit auf die Haut einwirken.

Gesichtsöl

Zur morgendlichen und abendlichen Anwendung nach der Reinigung eignet sich folgende Mischung:

2 Eßlöffel Sojaöl
1 Tropfen Lavendel
1 Tropfen Kamille
1 Tropfen Petit Grain

Mischen Sie alle Zutaten miteinander und füllen Sie das Öl in eine braune Flasche ab. Tragen Sie das Öl, nachdem es von der Haut aufgenommen wurde, ein zweites Mal auf. Um das Einziehen zu erleichtern, sollten Sie das Gesicht nach der zweiten Anwendung 5 Minuten lang mit einer heißen Kompresse bedecken.

Unverdünnte Essenzen

Unverdünnte Essenzen sollte man aufgrund ihrer starken antibakteriellen Wirkung täglich mit einem Wattepad auf die Pickel und Pusteln auftragen. Dazu eignen sich alle zuvor genannten ätherischen Öle.

Schuppenflechte

Schuppenflechte kann sehr unangenehm sein und äußert sich durch kreisförmige, trockene und schuppige Hautstellen, die entweder blaßrosa oder dunkelrot gefärbt sind. Sie tritt vorwiegend an Knien und Ellenbogen auf, in seltenen Fällen sind Kopfhaut und obere Stirnpartie betroffen.

Glücklicherweise tritt Schuppenflechte nur äußerst selten im Gesicht auf. Der Grund für das plötzliche Auftreten bleibt noch immer ungeklärt, doch man weiß, daß dieses Leiden vererbt wird. Sowohl Frauen als auch Männer jeden Alters werden befallen, doch am häufigsten treten die Symptome nach dem 20. Lebensjahr zutage. Hellhäutige Menschen in Europa und Nordamerika scheinen besonders anfällig zu sein, wogegen man die Schuppenflechte in Japan und Ländern mit dunkelhäutiger Bevölkerung nur selten antrifft.

Wenn die Erkrankung einmal ausbricht, ist ihr Verlauf sehr langwierig, und es gibt wenig Heilungschancen. Es gibt viele verschiedene Arten von Schuppenflechte, wovon einige sogar zusätzlich verursacht werden können, wenn die Erkrankung mit Cortison behandelt wird. Manchmal trocknet die Haut völlig aus, und es entstehen schmerzhafte Risse. Bei einer Krankheitsform mit Pustelbildung kann es auch zu einer Infektion der umliegenden Hautpartien kommen. Es mag vielleicht überraschend klingen, aber Schuppenflechte ist nicht ansteckend. Eine Übertragung durch Berührung ist also nicht möglich. Obwohl Schuppenflechte schwer heilbar ist, muß sie behandelt werden, und hierbei sind ätherische Öle äußerst wirksam. Ich konnte vielen Menschen helfen, die an Schuppenflechte erkrankt waren und mich um Hilfe baten.

Eine Dame, die von Beruf Musikerin war, hatte schlimme Schuppenflechte an den Händen. Die Haut war eingerissen und schuppig, und sie wußte nicht, wie sie ihre Karriere fortsetzen sollte. Auch ihre Mutter hatte darunter gelitten, doch seltsamerweise trat die Krankheit erst nach dem 30. Lebensjahr auf. Ich riet ihr davon ab, herkömmliche Reinigungsmittel zu benutzen und empfahl ihr statt dessen eine Lösung aus Seifenkraut – eines der wirksamsten und natürlichsten Mittel zur Reinigung. Danach sollte sie die Hände mit Öl einreiben und für einige Stunden Baumwollhandschuhe tragen. Sie stellte ihre Ernährung auf Vitamin-A-haltige Nahrungsmittel um und achtete auf genügend Bewegung. Zwei Jahre später hatte sie nur noch gelegentlichen Hautausschlag an den Knien, doch nichts Ernsthaftes. Der Zustand ihrer Haut hat sich weitgehend normalisiert.

In einem anderen Fall litt ein Mann unter Schuppenflechte auf der Kopfhaut. Der Hautarzt hatte ihm eine schwarze, klebrige Masse verschrieben, die er auf die betroffenen Stellen auftragen sollte. Diese Behandlung half nicht viel, und er war sehr unglücklich darüber. Ich mixte ihm ein Shampoo und ein spezielles Öl, durch deren Anwendung das Problem weitgehend behoben werden konnte, und er schwört mittlerweile darauf. Wie alle anderen Hautstörungen weist auch die Schuppenflechte auf eine tiefer wurzelnde Erkrankung hin, und man sollte alles vermeiden, was den Gesundheitszustand beeinträchtigt, z. B. Rauchen und Alkohol. Die Krankheit kann durch das Tragen von Polyester- oder Nylonbekleidung auf der Haut verschlimmert werden, denn diese Textilien behindern die Hautatmung. Bei einem Befall der Kopfhaut sollte man keine enganliegenden Hüte oder Nylontücher tragen. Auch extreme Temperaturen wirken sich ungünstig auf den Verlauf der Krankheit aus. Man sollte also möglichst nicht neben geöffneten Fenstern sitzen und sich nicht im Freien aufhalten, wenn es sehr kalt ist.

Innerliche Behandlung

Achten Sie auf Nahrungsmittel, die viel Vitamin A und Lecithin enthalten. Nehmen Sie täglich zwei Kapseln Lebertranöl oder einen Teelöffel reinen Lebertran. Auch die Einnahme von ein bis zwei Kapseln Primelöl am Abend kann sehr hilfreich sein. Kochen Sie Salbeitee und trinken Sie davon täglich zwei Tassen oder mehr, statt Kaffee oder schwarzem Tee.

Äußerliche Behandlung

Verwenden Sie als Badezusatz eine Lösung aus Birkenblättern oder Ringelblumenblüten mit 2 Tropfen Cajeput-Essenz, 1 Tropfen Thymian-Essenz oder 2 Tropfen Calendula-Essenz und 1 Tropfen Oregano-Essenz.

Statt Seife verwenden Sie eine Lösung aus Seifenkraut. Kochen Sie dazu etwa 5 g Seifenkraut mit der Wurzel in 1 Liter Wasser und reinigen Sie die betroffenen Hautstellen damit. Nach der Reinigung verwenden Sie folgendes Öl: Mischen Sie 1 Eierbecher Sojaöl entweder mit 1 Teelöffel Weizenkeimöl und 1 Teelöffel Rizinusöl oder mit 2 Tropfen Calendula-Essenz und 1 Tropfen Oregano-Essenz. Manchmal muß man auch experimentieren, bevor man die richtige persönliche Mischung ätherischer Öle findet. Verwenden Sie immer insgesamt 3 Tropfen ätherisches Öl.

Wenn Sie mit den empfohlenen Essenzen nicht die gewünschte Wirkung erzielen, versuchen Sie es mit anderen, z. B. Cajeput-Essenz, Thymian-Essenz, Calendula-Essenz und Oregano-Essenz.

Statt Sojaöl kann man auch eine Kapsel Vitamin A, 2 Kapseln Lecithin, 1 Tropfen Calendula-Essenz und 1 Tropfen Cajeput-Essenz verwenden.

Behandlung der Kopfhaut

Massieren Sie die Kopfhaut vor dem Shampoonieren mit einem Aufguß aus Ringelblumenblüten. Kochen Sie etwa 4 Blüten 2 Minuten in 500 ml Wasser, lassen Sie das Ganze 5 Minuten ziehen und fügen Sie den Saft ½ Zitrone hinzu. Alternativ dazu können Sie die Kopfhaut mit einer Mischung aus Birkenblättersud und 1 Teelöffel Apfelessig einreiben. Benutzen Sie keinen Fön, sondern lassen Sie das Haar so oft wie möglich an der Luft trocknen, denn direkte Hitze kann sich auf den Verlauf der Krankheit schädlich auswirken.

Dermatitis

Unter Dermatitis versteht man Entzündungen der Haut, die oft mit einer erblichen Neigung zu allergischen Reaktionen verbunden sind, z. B. eine Nahrungsmittelallergie auf Milchprodukte und Gluten. Die Krankheit kann ausbrechen oder sich verschlechtern, wenn man unter Depressionen oder Müdigkeit leidet und sich schlecht fühlt.

Die Symptome äußern sich in Form von Ekzemen und blasenartigen Hauterhebungen, die nässen oder Krusten bilden können. Die Haut schwillt an und beginnt sich zu schuppen. Oft heben sich die betroffenen Hautpartien durch eine andere Pigmentierung ab. Ursachen für Dermatitis sind bestimmte Lebensmittel, Schadstoffe sowie ein Mangel an Vitaminen des B-Komplexes.

Behandlung

Sie sollten auf eine ausreichende Aufnahme von Nahrungsmitteln achten, die viel Vitamin B, vor allem B_6 enthalten. Ergänzen Sie Ihre Ernährung durch die tägliche Einnahme von 2 – 4 Kapseln Primelöl und 1 Kapsel Weizenkeimöl (enthält Vitamin E).

Verwenden Sie zum Kochen und für die Zubereitung von Salatsaucen kaltgepreßtes Sojaöl, Maiskeimöl oder Färberdistelöl, denn diese Öle sind sehr reichhaltig an ungesättigten Fettsäuren (bekannt als Vitamin F). Ekzeme sind oft das Zeichen für einen Mangel an Vitamin F.

Beschränken Sie den Verzehr von Fettsäuren, die in Fleisch und Milchprodukten enthalten sind, und essen Sie statt dessen Fisch, Nüsse und Getreide.

Reiben Sie die Haut täglich mit einem Öl ein, das aus 3 – 4 Teelöffeln Sojaöl, 2 Tropfen Kamille und 2 Tropfen Ysop besteht.

Bei extrem trockenen Ekzemen hilft eine Mischung aus etwa 3 Teelöffeln Mandelöl, derselben Menge Rizinusöl, 1 Tropfen Geranium und 1 Tropfen Lavendel. Bei extrem fettigen Ekzemen geben Sie noch 4 Tropfen Wacholder zu der Mischung. Als Badezusatz eignet sich eine Mischung aus 1 Teelöffel Sojaöl und 2 Tropfen der oben erwähnten Essenzen.

Hautalterung

Jede Frau fürchtet das verräterische Auftreten der ersten Fältchen. Wäre es nicht herrlich, ein Elixier zu entdecken, das den Alterungsprozeß verlangsamt, oder noch besser, eine vollkommene Verjüngung bewirkt? Leider wird das niemals möglich sein, denn der Alterungsprozeß ist biologisch vorbestimmt, und kein Zaubermittel der Welt kann uns die Falten ersparen. Ätherische Öle können jedoch zu einer Verzögerung der Faltenbildung beitragen.

Eine Hauptursache für das Fortschreiten des Alterungsprozesses ist die Verlangsamung der Zellteilung. Vom Zeitpunkt der Geburt an findet eine rasche Vermehrung der Zellen statt. Als Vorbild für diese Vermehrung dient die Befruchtung der weiblichen Eizelle durch männliche Spermazellen. Nach der Geburt verlangsamt sich dieser Vorgang allmählich und nimmt mit zunehmendem Alter bis hin zum Tod ständig ab. Wir haben also wenig Einfluß darauf.

Der Alterungsprozeß schreitet bei jedem Menschen in einem anderen Tempo fort, wobei gewisse Einflüsse den Vorgang beschleunigen können. Um länger jung zu bleiben, sollte man diese Einflüsse vermeiden. Die Hauptübeltäter sind Krankheit, Nikotin, Medikamente, Alkohol, schwarzer Tee und Kaffee, übermäßige Belastung durch Streß, Bewegungsmangel und regelmäßige Strahleneinwirkung.

Auch die Qualität der Nahrungsmittel spielt eine wichtige Rolle, denn die Organe brauchen für ihre Funktion eine ausreichende Versorgung an Nährstoffen. Ich kenne viele Frauen, die an Magersucht litten. Auf ihrer Haut spiegelte sich die mangelhafte Ernährung wider, und sie sahen zum Teil um zwanzig Jahre älter aus.

Ich habe auch festgestellt, daß die Lebensgewohnheiten und das Verhalten eines Menschen Einfluß darauf nehmen, wie schnell er altert. Menschen, die im Leben stets unglücklich oder unzufrieden sind, werden wesentlich früher alt als Menschen, die ein glückliches und harmonisches Leben führen. Hautärzte und Kosmetikfachleute sind sich heute einig, daß der Prozeß der Hautalterung durch eine Reihe verschiedener Veränderungen verursacht wird.

Die Haut besteht aus unzähligen Collagen- und Elastinfasern, die ihr Geschmeidigkeit und Festigkeit verleihen. Wenn sich dieses Netzwerk verändert, entstehen Falten, die nicht mehr zu entfernen sind. Bestimmte äußere Einflüsse, wie UV-Strahlen, beschleunigen das Auftreten solcher Veränderungen. Menschen, die in südlichen Ländern leben und ihre Haut nicht vor der Sonne schützen, haben mehr Falten als Menschen, deren Haut vor direkter Sonneneinstrahlung geschützt wird, weil sie in kühleren Regionen leben. Andere Arten von Strahlen beschleunigen natürlich auch die Faltenbildung, doch Sonnenstrahlen haben den zusätzlichen Nachteil, daß sie die Bildung einer ›Lederhaut‹ begünstigen.

Auch in der äußeren Hautschicht finden im Lauf der Zeit eine Reihe Veränderungen statt. Die Epidermis wird dünner, da sich die Zellteilung verlangsamt und die neu gebildeten Zellen länger brauchen, um an die Oberfläche zu gelangen. Die Zahl der flachen, trockenen und abgestorbenen Hautzellen nimmt zu, wodurch die Haut statt eines frischen, transparenten Teints ein stumpfes, lebloses Aussehen bekommt.

Durch die verlangsamte Zellerneuerung kann sich bei der reifen Haut, im Gegensatz zur jungen Haut, auch der Heilungsprozeß von Verletzungen verzögern (z. B. Verbrennungen oder Schnittwunden).

Da unsere Haut verschiedenen Einflüssen, wie Klima, Art der Reinigung, Hautschutz und Ernährung ausgesetzt ist, zahlt sich eine sorgfältige Hautpflege, die früh beginnen sollte, auf Dauer sicher aus.

112

Die tägliche Anwendung von ätherischen Ölen kann meiner Meinung nach viel zu einem jüngeren Aussehen der Haut beitragen, da sie die Erneuerung der Zellen anregen. Mit zunehmendem Alter nimmt auch die Funktion der Talgdrüsen ab. Ätherische Öle jedoch fördern eine ausgeglichene Fettproduktion, halten die Haut geschmeidig und verhindern so frühzeitige Faltenbildung. Da pflanzliche Essenzen die Fähigkeit besitzen, vollkommen in die Haut einzudringen, ist die Wirkung bei weitem stärker, als bei den meisten kosmetischen Produkten, die auf dem Markt angeboten werden. Ätherische Öle unterstützen kranke Organe und Drüsen bei der Regeneration ihrer Funktionen und können somit die grundlegenden Ursachen einer frühzeitigen Alterung beseitigen.

Dieses Gesichtsöl ist geeignet, um die reife Haut jung und geschmeidig zu halten:

3 – 4 Eßlöffel Mandelöl
1 Eßlöffel Sojaöl
1 Teelöffel Weizenkeimöl
4 Tropfen Galbanum
1 Tropfen marokkanische Rosen-Essenz

Vermischen Sie zuerst die Öle miteinander und fügen Sie dann die Essenz hinzu. Massieren Sie die Mischung sanft auf Gesicht und Hals und bedecken Sie die Haut anschließend mit Kompressen, die in Rosenwasser getränkt wurden. Wenden Sie diese Behandlung jeden Morgen an. Reinigen Sie die Haut nur zweimal wöchentlich mit Wasser und einer milden Seife; an den restlichen Tagen genügt zur Reinigung ein Aufguß mit Rosenblüten, um ein Austrocknen der Haut zu vermeiden (normales Leitungswasser trocknet die Haut zu sehr aus). Regelmäßige Gesichtsmassage sollte mit der Anwendung dieses Öls Hand in Hand gehen, sie verbessert die Versorgung der Haut mit Nährstoffen und fördert den Abtransport von Schlackstoffen aus den Hautzellen. Durch regelmäßige Massage wird auch die Spannkraft der Muskeln erhöht. Wir vergessen leider oft, daß für die Formen und Konturen unseres Körpers nur die unter der Haut liegenden Muskeln verantwortlich sind. Bei jeder Muskelkontraktion kräuselt sich die Haut, und es entstehen sogenannte Mimikfalten. Eine heftige Anspannung der Muskeln bewirkt häufig eine anhaltende Kontraktion, und es entstehen bleibende Falten, meist Runzeln auf der Stirn.

Massage trägt zur Entspannung der Muskeln bei und stärkt untrainierte Muskeln, die zu einer Erschlaffung der Haut führen, meist in der Mundpartie. Ein operatives Liften der Gesichtshaut ist meist enttäuschend, weil dabei nur schlaffe Haut gespannt und Falten gedehnt werden, doch die Funktion der Muskeln unter der Haut, die der Haut ein jugendliches, straffes Aussehen verleihen, wird nicht verbessert. Ich habe etliche Patienten, die vor achtzehn oder mehr Jahren zu mir kamen, als ihre Haut zu altern begann. Seitdem hat sich ihr Zustand nicht weiter verschlechtert, denn die ätherischen Öle haben die Haut geschützt und ihre Elastizität und Geschmeidigkeit bewahrt. Manche finden sogar, daß ihre Haut um einige Jahre jünger aussieht. Einige hatten die Absicht, sich einem chirurgischen Eingriff zu unterziehen und stellten zu ihrem Erstaunen fest, daß dies nicht mehr nötig war.

Ich rate allen, die sich eine jugendliche Haut bewahren möchten, nicht nur zur täglichen Anwendung ätherischer Öle, sondern auch, auf ausgedehnte Sonnenbäder zu verzichten. Dies gilt besonders, wenn Sie unter Krampfadern leiden. Schützen Sie Ihre Haut in der ersten Woche vor starkem Sonnenlicht und bauen Sie allmählich eine leichte Bräune auf. Wenn die Haut einmal verbrannt ist, ist sie äußerst empfindlich. Meiden Sie auch Solarien: die UV-Strahlen verleihen zwar eine angenehme Sonnenbräune, können aber auch in die Haut eindringen und die Struktur der Collagen- und Elastinfasern zerstören, wodurch die Bildung tiefer, dauerhafter Falten begünstigt wird.

Vergessen Sie nicht, daß die Haut am Hals extrem dünn ist und schneller erschlafft als die Gesichtshaut. Da der Hals das Gewicht des Kopfes mitträgt, wird die Haut am Hals stark beansprucht. Vergessen Sie beim Auftragen des Gesichtsöls nicht, auch Hals und Nacken zu massieren, um einen optimalen Nutzen zu erzielen.

Auch die Hände können das Alter verraten, denn sie sind den schädlichen Einflüssen ständig ausgesetzt. Schützen Sie Ihre Hände so gut wie möglich und wenden Sie einmal wöchentlich eines der folgenden Öle an:

1 Teelöffel Rizinusöl
3 – 4 Teelöffel Mandelöl
2 Tropfen Galbanum

oder

4 – 5 Teelöffel Weizenkeimöl
1 Tropfen Galbanum
1 Tropfen Rosen-Essenz
1 Tropfen Zitronen-Essenz

Mischen Sie alle Zutaten miteinander und füllen Sie das Öl in eine kleine Flasche. Tragen Sie nach dem Einreiben der Hände eine Stunde Baumwollhandschuhe. Wenn dies tagsüber nicht möglich ist, lassen Sie die Handschuhe nachts an. Die Behandlung eignet sich auch hervorragend für trockene, sonnenverbrannte Füße (wobei Sie dann natürlich keine Handschuhe, sondern Socken anziehen …).

Haare

Für die meisten von uns spielt nur die Farbe, Form und Frisur der Haare eine Rolle, und wir vergessen, daß sie vor allem dazu da sind, um die Kopfhaut vor extremen Temperaturen zu schützen und den Verlust von Körperwärme über die Kopfhaut zu regulieren. Schätzungsweise wachsen 100000 Haare aus den einzelnen Haarfollikeln auf der Kopfhaut, wobei das Wachstum im Schnitt zwei Zentimeter pro Monat beträgt.

Wie die Haut reflektieren auch die Haare den inneren Gesundheitszustand. Jedes einzelne Haar besteht aus Keratin, einem robusten, dehnbaren Proteinmaterial, das in den Haarfollikeln produziert wird. Es handelt sich um dasselbe Material, aus dem Fingernägel und abgestorbene Hautzellen bestehen. Das Wachstum der Haare hängt weitgehend von der Blutversorgung ab, durch die beachtliche Mengen Aminosäure (der Baustein von Proteinen), Vitamin E, C und B, sowie Mineralien wie Kalzium, Zink, Eisen und Kupfer zu den Haarfollikeln gelangen. Oft ist eine schlechte gesundheitliche Verfassung der Grund, wenn das Haar glanzlos und stumpf aussieht und nur sehr langsam wächst.

Durch das Haarwachstum werden Pigmentmoleküle festgelegt, die die Haarfarbe bestimmen. Krankheit oder länger anhaltende emotionale Belastungen können zu einem frühzeitigen Ergrauen der Haare führen, da durch derartige Einflüsse die Produktion der Pigmente beeinträchtigt wird. Eine unausgewogene Ernährung kann dieselben Auswirkungen haben.

Die Wurzeln, aus denen die Haare wachsen, bestehen aus lebendem Material, während die Haare an sich, die man kämmt, tot sind und früher oder später abgestoßen und erneuert werden. Die Haarqualität hängt vom Gesundheitszustand, von der Ernährung und von der Behandlung ab. Probleme, wie widerspenstige Haare und Spliß, entstehen durch übermäßige Beanspruchung, falsche Shampoos und mangelhafte Pflege.

Um eine wirksame Haarpflege zu gewährleisten, sollte man wissen, ob die Haare normal, fettig oder trocken sind. Zu jedem einzelnen Haar gehört eine Talgdrüse, die Fett absondert, um das Haar zu ölen und ihm einen gewissen Schutz zu verleihen. Wenn diese Drüsen überaktiv sind und mehr Talg produzieren als notwendig, wird das Haar fettig, und man muß es häufiger waschen, um dieser Überproduktion entgegenzuwirken. Benutzen Sie kein entfettendes Shampoo, denn dadurch werden die Drüsen nur angeregt, noch mehr Talg zu produzieren. Wenn aber die Produktion der Talgdrüsen zu schwach ist, wird das Haar spröde und trocknet aus. In diesem Fall sollten Sie äußere Einflüsse wie Haartrockner, heiße Lockenwickler, direkte Sonneneinstrahlung, Wind und Salzwasser meiden.

Allgemeine Haarpflege

Ätherische Öle sind aufgrund ihrer Fähigkeit, die Talgdrüsen zu beeinflussen und eventuelle Störungen zu normalisieren, bei der Haarpflege sehr hilfreich. Sie eignen sich zur Behandlung aller Haarprobleme und sorgen außerdem dafür, daß die Haare gut riechen.

Waschen

Wenn Sie zur Reinigung ein mildes und sanftes Shampoo verwenden, können Sie die Haare damit so oft waschen, wie nötig – bei Stadtbewohnern ist oft eine tägliche Haarwäsche erforderlich.

Bereiten Sie einen Aufguß mit einem der folgenden Kräuter: Kamille, Rosmarin, Salbei oder Brennessel. Verdünnen Sie damit eine Tasse Ihres Shampoos. Waschen Sie die Haare mit warmem Wasser und verwenden Sie bei der letzten Spülung kaltes, möglichst destilliertes Wasser. Gönnen Sie sich einmal im Monat eine gründliche Kopfhaut-Massage mit der folgenden Mischung:

2 Teelöffel Sojaöl
1 Teelöffel Rum
1 Kapsel Lebertran
1 Kapsel Lecithin
2 Tropfen Thymian
2 Tropfen Salbei

Vermischen Sie alle Zutaten miteinander und massieren Sie die Kopfhaut einige Minuten lang mit dem Öl. Umwickeln Sie den Kopf anschließend mit einem warmen Tuch und lassen Sie die Packung eine Stunde einziehen. Waschen Sie das Haar anschließend mit einem milden, unverdünnten Shampoo. Geben Sie in die letzte Spülung bei blondem Haar etwas frischen Zitronensaft und bei dunklem Haar einen Schuß Apfelessig. Auf diese Weise werden die Haare leicht frisierbar und glänzend. Die Behandlung eignet sich auch für stumpfes Haar und Haarspliß.

Haarprobleme

Die meisten Haarprobleme werden durch Krankheiten, schlechte Ernährung, übermäßigen Nikotin- oder Alkoholgenuß verursacht sowie durch den häufigen Gebrauch von Haartrocknern, heißen Lockenwicklern, Chemikalien (Dauerwelle oder Färben) oder aggressiven Shampoos.

Haarausfall

Die meisten Frauen, die zu mir kommen und über Haarausfall klagen – der von der Bildung kahler Stellen bis hin zur Glatzenbildung reicht –, haben ihre Haare über einen längeren Zeitraum schlecht behandelt. Interessanterweise ist dieses Problem heutzutage weit mehr verbreitet als vor etwa zwanzig Jahren. Häufig sind Frauen um die dreißig davon betroffen. Meiner Meinung nach begünstigt der Umstand, daß Frauen in der heutigen Zeit immer größeren Belastungen ausgesetzt sind, dieses peinliche Leiden. Haarausfall kann auch durch hormonelle Veränderungen, z. B. in der Schwangerschaft auftreten.

Eine gründliche Massage der Kopfhaut leistet meist gute Dienste. Verwenden Sie die im vorigen Abschnitt für normales Haar empfohlene Ölbehandlung.

Schuppen

Bei Schuppen handelt es sich um ein weit verbreitetes Problem. Sie entstehen durch ein vermehrtes Abstoßen überflüssiger Hautzellen und abgelöster Kopfhaut. Die Ursachen sind die gleichen wie beim Haarausfall: emotionale Schwankungen, Hormonstörungen, schlechte Eßgewohnheiten, Mißbrauch von Chemikalien und nicht fachgerechtes Ausspülen der Haare. Zur erfolgreichen Behandlung von Schuppen ist eine ausgewogene Ernährung unerläßlich. Achten Sie besonders auf Lebensmittel, die viel Vitamin B, Vitamin A und Mineralien, vor allem Zink, enthalten. Lebertran und Seetang (Algen) stellen eine nützliche Ergänzung dar.

Eine wirksame und natürliche Methode zur Bekämpfung von Schuppen ist die Anwendung folgender Lotion vor der Haarwäsche:

50 g Salbeiblätter
500 ml kochendes Wasser
2 Tropfen Salbei
2 Tropfen Thymian

Kochen Sie die Salbeiblätter 2 Minuten im Wasser, lassen Sie den Aufguß 5 Minuten ziehen und fügen Sie dann die ätherischen Öle hinzu.

3 Kopf Brunnenkresse
500 ml kochendes Wasser
250 ml Rum
4 Tropfen Rosmarin

Kochen Sie die Brunnenkresse 2 Minuten im Wasser und lassen Sie den Aufguß 5 Minuten ziehen. Vermischen Sie eine Tasse davon mit dem Rum und fügen Sie das Rosmarinöl hinzu.

Massieren Sie die Kopfhaut viermal wöchentlich vor dem Waschen mit einer dieser beiden Lösungen. Waschen Sie das Haar anschließend mit einer Mischung aus 1/3 Shampoo, 2/3 Salbeiaufguß und 1 Tropfen Salbei-Essenz, oder 1/3 Shampoo, 2/3 Brunnenkresseaufguß und 1 Tropfen Thymian-Essenz. Spülen Sie mit kaltem Mineralwasser oder reinem Leitungswasser nach. Verwenden Sie bei der letzten Spülung 1 Eßlöffel Apfelessig bei dunklem Haar oder 1 Eßlöffel frischgepreßten Zitronensaft bei blondem Haar. Es ist ratsam, Anti-Schuppen-Shampoos zu vermeiden, denn sie können die Kopfhaut austrocknen – vor allem bei häufiger Anwendung.

6. Kapitel

Der
weibliche
Zyklus

H aben Sie sich je die Frage gestellt, warum Frauen oft so launisch sind? Einmal sind sie selbstsicher und mitteilsam und dann wieder unterwürfig und zurückgezogen. Ich glaube, daß diese sonderbaren Launen und Stimmungen vor allem eine Folge des monatlichen Menstruationszyklus und der damit verbundenen hormonellen Veränderungen sind.

Erst seit ein paar Jahren weiß man mehr über den Zusammenhang zwischen Hormonen und Gefühlen. Wir wissen z. B., daß die Launenhaftigkeit und Unsicherheit während der Pubertät weitgehend eine Folge der Hormonschwankungen sind, die stattfinden, bis sich der Menstruationszyklus normalisiert hat. Doch auch nachdem der Hormonhaushalt endlich ›geregelt‹ ist, durchleben Frauen ein stetes emotionales Auf und Ab. Die Produktion der Geschlechtshormone unterliegt einem bestimmten Rhythmus und ändert sich mit jeder Regelblutung. Dieses Phänomen hat aber auch Vorteile, denn auf Männer wirkt die unvorhersehbare und unergründliche Natur der Frauen anscheinend anziehend.

Andererseits haben viele Frauen Schwierigkeiten, sich der starren Regelung eines Acht-Stunden-Tages anzupassen, eine Einrichtung, die in erster Linie von Männern erfunden wurde. Das Problem liegt nicht darin, daß die Frauen nicht die gleichen Fähigkeiten besitzen wie Männer, sondern daß sie sich die Arbeit lieber selbst – ihrem Hormonhaushalt entsprechend – einteilen.

Sie werden feststellen, daß es Tage gibt, an denen Sie vor Energie nur so sprühen und andere, an denen Sie am liebsten alles liegen lassen und zu Hause bleiben möchten. Machen Sie sich jeden Tag eine kurze Notiz ins Tagebuch über Ihre gefühlsmäßige Verfassung, Ihre Arbeit und zwischenmenschliche Beziehungen. Nach zwei bis drei Monaten werden Sie anhand der Aufzeichnungen eine gewisse Regelmäßigkeit erkennen. Rufen Sie sich diese Veränderungen immer wieder ins Bewußtsein und profitieren Sie davon, indem Sie versuchen, sich nach Ihrem Hormonhaushalt zu richten.

In diesem Kapitel werde ich mich mit dem weiblichen Menstruationszyklus, einer Reihe spezieller Frauenleiden, sowie Schwangerschaft, Geburt und den Wechseljahren befassen und Möglichkeiten aufzeigen, die die Aromatherapie in diesen Fällen bietet. Ätherische Öle helfen bei Störungen des weiblichen Hormonhaushalts auf natürliche Weise und tragen zur Behebung der Ursachen bei.

Der Menstruationszyklus

Der Menstruationszyklus beginnt in der Pubertät und endet – falls er nicht durch Schwangerschaft und Stillzeit unterbrochen wird – erst mit dem Eintritt der Wechseljahre. An diesem Zyklus sind eine Reihe verschiedener Hormone beteiligt. Durch ihr komplexes Zusammenwirken tragen sie zur Reifung der Eizellen in den Eierstöcken bei. Der exakte Ablauf dieses Vorgangs wird in einem Bereich des Gehirns, dem sogenannten Hypothalamus, festgelegt.

Die Pubertät tritt bei jungen Mädchen meist im Alter zwischen zehn und vierzehn Jahren auf. Dabei werden vom Hypothalamus bestimmte Signale an die Hypophyse weitergeleitet. Die Hypophyse wird oft als Hauptdrüse bezeichnet, denn sie steuert die Funktionen aller anderen hormonerzeugenden Drüsen im Körper. Auf die Signale des Hypothalamus reagiert die Hypophyse durch eine Absonderung von Geschlechtshormonen, die in den Blutkreislauf gelangen. Das erste dieser Hormone ist ein anregendes Hormon (FHS = follikel-stimulierendes Hormon). Es wandert zu den Eierstöcken und beschleunigt dort die Reifung der Eizelle in ihrer kleinen Kapsel, die als Graafsches Follikel bezeichnet wird. Während sich die Eizelle entwickelt, beginnt das Follikel mit der Produktion des Eierstockhormons Östrogen. Bis zur vollkommenen Ausreifung der Eizelle bildet die Hypophyse weitere Sekretionen, die man als luteinisierende Hormone bezeichnet. Sobald diese Hormone in den Eierstöcken angelangt sind, wird die Ausscheidung der Eizelle aus dem Graafschen Follikel ausgelöst. Dieser Vorgang heißt Eisprung.

Das leere Follikel, das jetzt als Gelbkörper (Corpus Luteum) bezeichnet wird, beginnt mit der Produktion des Hormons Progesteron. Inzwischen tritt die reife Eizelle – mittlerweile hochempfänglich für männliche Spermazellen – ihre Reise durch eine Art Kanal, den Eileiter, zum Uterus an. Wenn keine Befruchtung der Eizelle durch männliche Spermazellen stattfindet, verläßt sie den Körper. Gleichzeitig löst sich die Gebärmutterschleimhaut, die sich seit dem Eisprung stark vermehrt hat ab, und wird in Form von Blut aus dem Körper ausgeschieden. Diesen Vorgang bezeichnet man als Menstruation. Die Dauer der Regelblutung beträgt im Schnitt vier bis fünf Tage, kann aber auch kürzer sein und in manchen Fällen bis zu sieben Tage betragen. Der gesamte Zyklus dauert etwa 28 Tage, doch auch hier sind Abweichungen von bis zu sieben Tagen nicht ungewöhnlich. Der erste Tag der Menstruation ist gleichzeitig der erste Tag des Zyklus. Der Eisprung findet etwa um den vierzehnten Tag herum statt, doch auch hier sind individuelle Schwankungen möglich.

Menstruationszyklus und Geruchssinn

Es ist faszinierend, daß verschiedene Duftmoleküle den Menstruationszyklus beeinflussen können. Dies läßt sich dadurch erklären, daß die Nervenzellen direkt mit dem limbischen System des Gehirns verbunden sind.

Auf gleiche Weise wie der Hypothalamus beeinflußt dieses System die Ausscheidung der Hypophyse, die wiederum die Östrogen- und Progesteronproduktion in den Eierstöcken beeinflussen kann.

Studien über Frauen, die aufgrund ihrer Lebensbedingungen wenig Kontakt zu Männern haben, zeigen ganz klar, daß der weibliche Menstruationszyklus dem Einfluß von Pheromonen unterliegt, die von Mitmenschen freigegeben werden. Man hat z. B. beobachtet, daß der regelmäßige Zyklus von Mädchen, die in einem Internat leben, unterbrochen wurde, sobald ein Junge auftauchte. Interessanterweise verkürzt sich der Menstruationszyklus bei Frauen, die mit einem Mann zusammenleben (weniger als 28 Tage) im Gegensatz zu Frauen, die keinen Partner haben. Dieses Phänomen zeigt, daß sich der weibliche Körper selbst zu helfen versucht, indem die Häufigkeit des Eisprungs zunimmt und somit die Möglichkeit einer Empfängnis begünstigt wird.

Ebenfalls um die Möglichkeit einer Empfängnis zu erhöhen, ändern sich die weiblichen Pheromone während des Menstruationszyklus. Man findet sie auf der Haut, im Haar und in Körpersekreten wie Urin, Schweiß, Exkrementen und Ausscheidungen der Vagina. Vom ersten Tag des Zyklus an wird ihr Geruch zunehmend süßer, wobei sich dieser Geruch zum Zeitpunkt des Eisprungs voll entfaltet hat. Die Pheromone sind dann am verlockendsten und können einen Mann sehr verwirren und erregen. Diese natürliche Anziehungskraft wird zunehmend schwächer, wenn die Regelblutung naht. Während der Menstruation scheiden Frauen noch eine andere Art Duftstoffe aus, die Trimethylamin genannt werden. Diese Substanz gleicht in ihrer chemischen Zusammensetzung der Moschus-Essenz und wird auch von läufigen Hündinnen ausgeschieden. Das erklärt den Umstand, warum Rüden durch den Geruch von menstruierenden Frauen angezogen werden, was oft ziemlich peinlich ist. Während des Menstruationszyklus ändert sich nicht nur die Zusammensetzung der Pheromone, sondern auch die Schärfe des Geruchssinns. Bis vor kurzem ging man davon aus, daß Frauen auf bestimmte Gerüche so empfindlich reagieren, weil sie weniger rauchen und Alkohol trinken als Männer, da beides zu einer Beeinträchtigung des Geruchssinns führen kann. Doch bereits 1890 entdeckte der deutsche Wissenschaftler Dr. Wilhelm Fliess einen Zusammenhang zwischen dem Geruchssinn und dem weiblichen Menstruationszyklus. Er beobachtete, daß sich die Blutgefäße in der Nase während des Zyklus erweitern und daß sogar eine leichte Blutung auftreten kann.

Doch erst 1952 erbrachte der französische Wissenschaftler Dr. Le Magnen einen endgültigen Beweis für die Wechselwirkung zwischen Sexualität und Geruchsempfindung. Eine seiner Studien umfaßt Experimente mit einer Substanz namens Exaltolide, die aus Brustwurz gewonnen wird. Er testete die Reaktion von Männern, Frauen und Kindern auf diese Substanz. Sie riecht nach Moschus und gleicht in ihrem chemischen Aufbau einem Pheromon, das in den Drüsenabsonderungen der männlichen Zibetkatze, Wildhirschen und Bibern zu finden ist. Bei seinen Untersuchungen fand Dr. Le Magnen heraus, daß nur erwachsene Frauen, die sich im Stadium des Eisprungs befanden, auf diesen Geruch reagierten.

Le Magnens Arbeit war damals revolutionär, aufgrund der Vorstellung, daß die weibliche Reaktion auf moschusartige

Gerüche – die in ihrer chemischen Zusammensetzung dem männlichen Hormon Testosteron ähneln – mit dem Menstruationszyklus zusammenhängt. Interessanterweise sind Frauen während des Eisprungs hundertmal empfänglicher für derartige Gerüche als an anderen Tagen des Zyklus. Ich habe oft erlebt, daß die Schärfe des Geruchssinns bei Frauen nach einer schweren Erkältung oder Grippe oder auch während des Klimakteriums nachgelassen hatte. Bei der Behandlung erwies sich das aus Brustwurz gewonnene ätherische Öl als sehr wirksam. In Malaysien verwenden Frauen Brustwurz zur Steigerung der Fruchtbarkeit, Männer dagegen bevorzugen Ginseng.

Seit der Pionierarbeit von Le Magnen wurde immer deutlicher, daß das Geruchsorgan durch die Geschlechtshormone beeinflußt wird. Wir wissen heute, daß Frauen, die regelmäßig die Pille nehmen, nicht mehr so stark auf moschusartige Gerüche reagieren. Das liegt vermutlich daran, daß der Eisprung durch die in der Pille enthaltenen Hormone verhindert wird. In den ersten Schwangerschaftsmonaten kann man denselben Effekt feststellen, denn es ist nicht mehr nötig, das Interesse des anderen Geschlechts zu wecken. Oft verlieren Frauen nach einer operativen Entfernung der Eierstöcke oder nach den Wechseljahren die Schärfe ihres Geruchssinns, was mit einem niedrigen Östrogen- und Progesterongehalt zusammenhängt. Es kann sehr nützlich sein, wenn man über all diese Veränderungen des Geruchssinns Bescheid weiß. Ich entdeckte zum Beispiel, daß meine Geruchswahrnehmung zwölf bis sechzehn Tage nach Eintritt der Menstruation seinen Höhepunkt erreicht. In dieser Zeit arbeitete ich am liebsten im Labor und ließ mich zur Herstellung neuer Heilmittel und Parfums inspirieren. Dagegen fiel mir die Arbeit während der Menstruation sehr schwer und erwies sich oft als fruchtlos, denn die dabei erzielten Resultate waren unbrauchbar.

Doch die Kenntnis der Gründe half mir, meine Zeit besser einzuteilen, und ersparte mir die Enttäuschung erfolgloser Bemühungen.

Warum also machen Sie sich nicht täglich Notizen darüber, wie Sie auf bestimmte Gerüche von Lebensmitteln, Parfums usw. reagieren und beobachten den Zusammenhang zwischen Ihrer Geruchsempfindung und dem Verlauf Ihres Menstruationszyklus? Solche Notizen können als Grundlage einer natürlichen Empfängnisverhütung dienen, indem man die Nase dazu nutzt, den genauen Zeitpunkt des Eisprungs festzulegen.

Ferner ist es sehr nützlich zu wissen, welchen Einfluß die hormonellen Veränderungen im Rahmen des Menstruationszyklus auf Launen und Stimmungen nehmen. Sie werden feststellen, daß Sie zum Zeitpunkt des Eisprungs geselliger und selbstsicherer sind. Die meisten Frauen fühlen sich in dieser Zeit attraktiver, können leichter Entscheidungen treffen und besitzen mehr Energie und Schwung, um ihre Aufgaben zu bewältigen. Dieses Hoch flaut gewöhnlich ab, wenn die Menstruation näherrückt.

Unmittelbar vor Beginn der Regelblutung sind die meisten Frauen konfus und unbeholfen. Sie leiden mehr unter Streß als sonst und reagieren reizbar, oft sogar verzweifelt. Am liebsten möchte man diese Zeit nur für sich verwenden. Bei bestimmten Naturvölkern kommt es vor, daß sich menstruierende Frauen ein Versteck suchen, um allein zu sein. In der westlichen Zivilisation würden sich wahrscheinlich am liebsten die Männer verstecken, weil ihre Frauen während der Menstruation so schwer zu ertragen sind!

Vielen Frauen fällt es schwer, die Veränderungen ihrer Pheromone während des Menstruationszyklus zu erkennen, wogegen es ihren Partnern sofort auffällt. Doch es ist nicht schwer, eine vermehrte Ausscheidung der vaginalen Sekrete festzustellen, die bis kurz vor Eintritt der Periode anhält. All diese Merkmale könnten optimal genutzt werden, um eine empfängnisfreie Zeitspanne festzulegen. Wir wissen, daß der Eisprung bei einem 28-Tages-Zyklus etwa zwischen dem zwölften und sechzehnten Tag nach Eintritt der letzten Periode stattfindet. Wenn man berücksichtigt, daß die männlichen Spermazellen eine Lebensdauer von maximal drei Tagen haben, dauert die ›unsichere Zeit‹ vom neunten bis zum neunzehnten Tag. Es bleiben also vierzehn Tage, an denen man eine Empfängnis ausschließen kann, das sind die ersten vier bis fünf Tage nach der letzten Periode und neun Tage vor Beginn der nächsten Periode. Natürlich ist der Wunsch nach sexuellem Kontakt in der Zeit des Eisprungs am stärksten, denn alle Körperorgane sind auf eine Empfängnis ausgerichtet. Um eine unerwünschte Schwangerschaft zu verhindern, sollte man eine verläßliche, aber zeitlich begrenzte Verhütungsmethode anwenden. Hierfür eignet sich z. B. ein Diaphragma in Verbindung mit einem spermatötenden Mittel.

Selbstverständlich setzt die Menstruation nicht bei jeder Frau regelmäßig ein, und man sollte seinen Körper gut kennen, bevor man einen effektiven Zeitplan ausarbeitet. Wenn Sie über einen längeren Zeitraum die Antibabypille genommen haben, sollten Sie daran denken, daß es einige Monate dauern kann, bis sich nach dem Absetzen der Pille der Zyklus wieder normalisiert hat.

Ich habe die natürliche Empfängnisverhütung deshalb erwähnt, weil die Pille in meinen Augen keineswegs eine optimale Verhütungsmethode darstellt. Als sie 1960 das erste Mal in Erscheinung trat, wurde sie als sexueller Befreier der Frauen deklariert. Heutzutage befürchten viele Frauen das Gesundheitsrisiko, das durch eine langfristige Einnahme entsteht – abgesehen von den unerfreulichen Nebenwirkungen wie Migräne, Kopfschmerzen, Depressionen, Reizbarkeit, Gewichtszunahme und Ödeme. Aus aktuellen Studien geht hervor, daß es einen Zusammenhang zwischen regelmäßiger Pilleneinnahme und dem vermehrten Auftreten von Brust- und Gebärmutterkrebs gibt.

Außerdem führt die langfristige Einnahme der Pille bei vielen Frauen zu Durchblutungsstörungen, wodurch sich die Gefahr eines Herzinfarktes erhöht.

Man vermutet auch, daß die sexuellen Neigungen bei Kindern, deren Mütter bereits frühzeitig die Pille genommen haben, durch den starken Hormongehalt im Blutkreislauf der Mutter beeinflußt werden.

Ich finde, es sollte endlich ein Verhütungsmittel entwickelt werden, das den heutigen Anforderungen entspricht und dessen Wirkung auf den natürlichen Funktionen des Körpers beruht. Es wird Zeit, daß die Wissenschaftler uns eine optimale – d. h. natürliche – Methode der Empfängnisverhütung präsentieren.

Menstruationsstörungen und andere Probleme

Die meisten Frauen erleiden im Verlauf des Menstruationszyklus seelische Tiefpunkte, die gewöhnlich auf hormonelle Störungen zurückzuführen sind. Die Symptome dieser Störungen können sowohl emotionaler als auch physischer Natur sein.

Viele Ärzte verschreiben gegen die auftretenden Beschwerden harntreibende Medikamente oder Beruhigungsmittel und manchmal sogar Hormone in Form der Antibabypille bzw. Spritzen zur Wiederherstellung des hormonellen Gleichgewichts.

Der Nachteil solcher Heilmittel ist, daß sie nicht zum Kern des Problems gelangen. Da der Hypothalamus, die Hypophyse und die Eierstöcke am Menstruationszyklus beteiligt sind, wird die Störung vermutlich von einem dieser Organe verursacht. Es handelt sich dann entweder um eine Unter- oder Überproduktion. Streß ist deshalb so ein großes Problem, weil die psychische Belastung die Funktion des Hypothalamus beeinträchtigt. Diese Störungen wiederum werden an andere Drüsen oder an die Eierstöcke übertragen und führen zu einer Störung des empfindlichen Gleichgewichts. Die Geschlechtsdrüsen spielen nicht nur für die Fortpflanzungsorgane eine wichtige Rolle, sondern sie nehmen darüber hinaus auch Einfluß auf das Wohlbefinden des gesamten Körpers: bei einer mangelhaften Funktion setzen Müdigkeit und Lustlosigkeit ein.

Ätherische Öle sind ein sicheres und wirksames Mittel zur Behandlung von Menstruationsstörungen, weil sie die endokrinen Drüsen anregen und zur Normalisierung der Hormonausschüttung beitragen. Dr. Jean Valnet, ein führender französischer Experte für Aromatherapie, fand heraus, daß bestimmte ätherische Öle den Menstruationszyklus fördern. Hierzu gehören Baldrian, Artemisia, Basilikum, Zimt, Kümmel, Lavendel, Melisse, Minze, Salbei und Thymian. Diese Wirkung erklärt sich möglicherweise dadurch, daß bestimmte Essenzen den weiblichen Hormonen sehr ähnlich sind. Die chemische Struktur der Zypresse gleicht dem Aufbau eines Hormons, das in den Eierstöcken gebildet wird, während Hopfen eine Substanz enthält, die dem Östrogen sehr ähnlich ist.

In diesem Kapitel werden Frauenleiden besprochen, die am häufigsten auftreten, sowie sanfte und zuverlässige Methoden zur Behandlung dieser Störungen mit Hilfe ätherischer Öle.

Amenorrhöe

Unter Amenorrhöe versteht man ein Aussetzen der Regelblutung. Bei jungen Mädchen, die sich in der Pubertät befinden, ist es nicht ungewöhnlich, wenn die Regelblutung ein- oder zweimal auftritt und dann sechs oder sogar zwölf Monate ausbleibt. Später jedoch ist das Aussetzen der Menstruation ein Hinweis auf eine krankhafte Störung. Dies kommt häufig bei Frauen vor, die an Magersucht leiden. Zum Aufbau der Hormone, die am Menstruationszyklus beteiligt sind, braucht der Körper bestimmte Nährstoffe wie Vitamin A, E, F, die Vitamine des B-Komplexes, Mineralien (vor allem Zink) sowie genügend Kalorien. Auch ein Schock oder starke emotionale Belastungen können den Zyklus unterbrechen, da dadurch die Funktion des Hypothalamus beeinträchtigt wird und die Produktion der weiblichen Hormone gestoppt werden kann. Häufig sind es auch Krankheiten wie beispielsweise Tuberkulose und Diabetes, die den regelmäßigen Eintritt der Menstruation unterbrechen.

Frauen, bei denen die Periode mehrmals ausbleibt oder bei denen die Regelblutung nur sehr schwach ist, sollten so oft wie möglich eine Teemischung aus Salbei (äußerst östrogenhaltig) und Kamille trinken und viel Salbei bei der Zubereitung von Speisen verwenden.

Eine weitere Methode zur Behandlung dieser Störung ist die Verwendung folgender Mischung als Badezusatz oder Massageöl für Bauch und Rücken:

1 Eierbecher Sojaöl
2 Tropfen Estragon
2 Tropfen Salbei
2 Tropfen Wacholder
2 Tropfen Kamille

Vermischen Sie die Zutaten miteinander und verwenden Sie das Öl je nach Belieben.

Dysmenorrhöe

Als Dysmenorrhöe bezeichnet man das Auftreten von starken Schmerzen während der Regelblutung. Viele Frauen leiden darunter und fühlen sich sehr unwohl, wenn sie ihre Tage bekommen. Es handelt sich dabei vor allem um Kopfschmerzen, Rückenschmerzen und Unterleibskrämpfe, die oft so weh tun, daß man sich am besten in einen dunklen Raum legt und sich ausruht.

Man sollte vor Beginn der Menstruation darauf achten, daß die Ernährung viel Kalzium und Magnesium enthält, denn diese Mineralien werden zur Entspannung der Muskeln benötigt. Auch Nahrungsmittel mit dem Vitamin-B-Komplex, besonders B_6, sind sehr wichtig. Leber bietet eine gute Nahrungsergänzung, denn sie versorgt den Körper mit Vitamin B_6 und Eisen, das ebenfalls durch die Blutungen verlorengeht. Auch einige Gemüse- oder Salatsorten wie Sauerampfer oder Chicorée haben einen wertvollen Eisengehalt. Zur Linderung der Schmerzen sollten Sie viel Kräutertee, z. B. Kümmeltee oder die im folgenden Kapitel über ›Prämenstruelle Beschwerden‹ beschriebenen Teesorten trinken. Vermeiden Sie zu heiße Bäder.

Mischen Sie aus den folgenden Zutaten ein Öl und massieren Sie damit Bauch und Rücken, wann immer Sie das Bedürfnis haben:

2 Tropfen Kamille
5 Tropfen Petersilie
1 Tropfen Estragon
1 Eierbecher Sojaöl

Prämenstruelle Beschwerden

Etwa die Hälfte aller Frauen, die meine Klinik besuchen, klagen über eine Reihe psychischer und physischer Beschwerden, die etwa eine Woche vor Beginn der Menstruation auftreten. Die Symptome sind häufig geschwollenes Gewebe an Hand- und Fußgelenken und im Gesicht, aufgeblähter Magen, Schmerzen in den Brüsten und ungewöhnlich schwere Beine. Diese Beschwerden werden vor allem durch Wasseransammlungen im Gewebe verursacht. Manche Frauen nehmen in dieser Zeit sieben Pfund und mehr zu, wobei es sich nur um angesammelte Flüssigkeit handelt. Sie leiden unter Verstopfung und klagen über migräneartige Kopfschmerzen, die durch einen erhöhten Druck auf die Blutgefäße im Kopf entstehen.

Oft wird die Haut vor der Periode fleckig, Haut und Haare fetten schneller. Manche Frauen klagen sogar über einen niedrigen Kreislauf und haben die Symptome einer leichten Erkältung. Häufig werden diese physischen Störungen von Stimmungsschwankungen begleitet. Viele reagieren gereizt, sind schnell enttäuscht, verärgert und unglücklich und neigen zu Wut- und Weinanfällen. Einige meiner Patientinnen berichteten auch, sie seien in dieser Zeit viel unkonzentrierter und ungeschickter als sonst. Diese seelischen Störungen hängen meist mit einem niedrigen Blutzuckerspiegel zusammen, ein Problem, das hormonell bedingt ist und ein starkes Verlangen nach etwas Süßem zwischen den Mahlzeiten auslöst. Schlaflosigkeit ist ein weiteres prämenstruelles Problem, denn Frauen mit Depressionen oder seelischer Anspannung haben meist sowohl Schwierigkeiten beim Einschlafen als auch beim Aufwachen.

Die genauen Gründe der hormonellen Störungen, die zu solchen Symptomen führen, sind noch nicht bekannt, doch die Wissenschaftler sind der Ansicht, daß das Problem bei einem gestörten Gleichgewicht zwischen den Hormonen Östrogen und Progesteron liegt. Vermutlich ist in diesen Fällen der Östrogengehalt vor der Periode ungewöhnlich hoch, während der Progesterongehalt zu niedrig ist, wodurch eine Unausgewogenheit zustande kommt. Die beiden Hormone arbeiten antagonistisch, denn während das Östrogen Wasseransammlungen begünstigt, führt das Progesteron zu einer vermehrten Ausscheidung von Flüssigkeit.

Da diese Hormone in den Eierstöcken gebildet werden und die Produktion durch die Hypophyse gesteuert wird, könnte eine hier auftretende Störung den Hormonhaushalt aus dem Gleichgewicht bringen. Die Funktion der Hypophyse wiederum wird von einer bestimmten Gehirnregion, dem Hypothalamus, beeinflußt. Dieses Regulationszentrum reagiert sehr empfindlich auf Streß und andere psychische Belastungen. Derart komplizierte Vorgänge liefern auch eine Erklärung dafür, daß die prämenstruellen Beschwerden nicht jeden Monat gleich stark sind. Wenn Sie die schmerzhaften Symptome dieses Leidens unter Kontrolle halten möchten, sollten Sie sich unbedingt genügend körperliche Entspannung verschaffen. Es gibt verschiedene Möglichkeiten zur Linderung und sogar zur Beseitigung prämenstrueller Beschwerden. Nehmen Sie regelmäßig kleine Mahlzeiten zu sich und verwenden Sie Lebensmittel, die viel Vitamin B, besonders B_6 enthalten (Getreide, Nüsse, Leber, Kabeljau, Thunfisch, Sardinen, Samensprossen, Avocados und Sojabohnen), während raffinierte Kohlehydrate wie Weißmehl, Zucker, Kekse, Kuchen, Torten und fritierte Speisen gemieden werden sollten.

Manche meiner Patientinnen versuchen aus Angst vor einer Gewichtszunahme wenig zu essen und leben hauptsächlich von Kaffee, um die Ausscheidung der angesammelten Flüssigkeit zu fördern. Gegen die auftretende Nervosität nehmen sie Beruhigungsmittel und verschlimmern dadurch die Symptome meist nur. Regelmäßige Mahlzeiten sind jedoch sehr wichtig, denn sie sorgen dafür, daß der Blutzuckerspiegel konstant bleibt und verhindern übermäßige Eßlust.

Achten Sie in der Zeit vor der Menstruation auf eine magnesiumhaltige Ernährung (vor allem Mandeln, Walnüsse, Rosinen, Hafermehl und Fisch), denn dieses Mineral besitzt eine beruhigende Wirkung. Versuchen Sie nicht die angesammelten Wassermengen durch harntreibende Mittel auszuschwemmen, denn dadurch entsteht ein Verlust an Kalium und anderen lebenswichtigen Mineralien, wodurch noch mehr Depressionen und Müdigkeit ausgelöst werden. Spaziergänge, Schwimmen, Yoga- und Entspannungsübungen helfen, die inneren Spannungen abzubauen.

Ersetzen Sie anregende Getränke wie schwarzen Tee, Kaffee und Alkohol durch Kräutertee mit aromatischen Pflanzen. Dazu eignen sich Petersilie, Minze, Kalendulablüten, Kamille und Orangenblüten. Vor allem die Mischung aus Kamille und Orangenblüten besitzt eine schlaffördernde Wirkung und eignet sich daher sehr gut zur Behandlung von Schlaflosigkeit. Lassen Sie den Tee immer 2 Minuten kochen und anschließend 5 Minuten ziehen.

Verwenden Sie zum Würzen von Speisen Salbei, Basilikum und Thymian, das macht sie leichter verdaulich. Oft kommt es vor dem Beginn der Menstruation zu Verdauungsstörungen. Versuchen Sie die letzte Mahlzeit bereits am frühen Abend einzunehmen, denn ein voller Magen führt oft zu Schlafstörungen. Nehmen Sie zweimal täglich ein warmes Bad und verwenden Sie als Zusatz folgende Essenzen: 6 Tropfen Petersilie und 2 Tropfen Neroli oder 4 Tropfen Pinie, 2 Tropfen Petersilie und 3 Tropfen Neroli. Ruhen Sie sich nach dem Bad 10 Minuten in einem abgedunkelten Raum aus und legen Sie dabei ein Kissen unter die Knie.

Mischen Sie ein Öl aus 4 Tropfen Petersilien-Essenz und 3 Tropfen Neroli-Essenz mit einem Eierbecher Sojaöl. Massieren Sie mit dieser Mischung Unterleib, Rücken und Nacken.

Blasenentzündung

Eine ernsthafte Blasenentzündung kann sehr schmerzhaft und schwächend sein. In einer gesunden Blase existiert ein ausgewogenes Gleichgewicht an Bakterien. Bei einer Störung treten Infektionen auf, die Entzündungen auslösen können. Bei regelmäßiger Einnahme der Antibabypille steigt das Risiko dieses Leidens. Die in der Pille enthaltenen Hormone können zu einer Veränderung der bakteriellen Flora in der Harnröhre und der Vagina führen. Auch Erkankungen wie Bronchitis, schwere Erkältungen in Verbindung mit Sinusitis und große Kälte können Harnwegs-Infektionen herbeiführen. Des weiteren kann eine Blasenentzündung durch Nierensteine verursacht werden. Ich habe einige Patientinnen, deren Blasenerkrankung mit der Renovierung ihres Heims zusammentraf, denn bestimmte Gerüche, z. B. der Geruch von frischer Farbe, lösen manchmal Reizungen aus.

Es gibt auch Frauen, die auf sexuellen Verkehr mit einer vermehrten Bildung von Harnwegsbakterien reagieren. In diesem Fall rate ich, nach dem Verkehr viel warmes Wasser zu trinken, um die Blase zu reinigen. Bewegungsmangel ist eine weitere Ursache für das Auftreten von Blasenleiden, denn durch die geschwächten Muskeln wird eine Ansammlung von Urin im Inneren der Blase gefördert.

Die beste Methode zur Behandlung einer Blasenentzündung ist Wärme und die Zubereitung eines Tees aus den dünnen Härchen, die an Maiskolben wachsen. Kochen Sie die Fasern 10 Minuten in Wasser, trinken Sie täglich 5 bis 6 Tassen davon. Essen Sie zu den Mahlzeiten süße Maiskörner.

Auch ein Aufguß mit den Stielen von Kirschen ist ein hervorragendes harntreibendes Mittel. Mischen Sie 3 Prisen Kirschstengel mit 500 ml Wasser, kochen Sie das Ganze 2 Minuten und lassen Sie den Tee 5 Minuten ziehen. Oder kochen Sie 450 g Kirschen zusammen mit den Stielen in 1 Liter Wasser und trinken Sie den Sirup morgens nach dem Aufstehen. Als Badezusatz verwenden Sie 5 Tropfen Sandelholz, Pinien, Wacholder oder Petersilie.

Als Massageöl eignet sich eine Mischung aus 6 Tropfen einer der genannten Essenzen mit einem Eierbecher Sojaöl. Massieren Sie mit dem Öl Bauch, Rücken und die Kreuzbeingegend. Bedecken Sie die Körperteile anschließend abwechselnd mit heißen und kalten Kompressen.

Zellulitis

Obwohl die Zellulitis in erster Linie auf einer physiologischen Störung beruht, tritt sie bei den meisten Frauen früher oder später in Erscheinung. Soviel ich weiß, gab es die sogenannte Orangenhaut schon immer. Doch erst seitdem der Bikini in Mode kam und dürftig bekleidete Modelle mit knabenhaften Figuren die Titelseiten von Illustrierten zieren, wurde sie zu einem echten Problem.

Zellulitis entsteht durch eine hormonelle Veränderung und damit verbundene Wasseransammlungen im Gewebe. Meist handelt es sich um einen zu hohen Östrogengehalt. Die angestaute Flüssigkeit verteilt sich auf die Fettzellen. Wenn man die Haut mit den Fingern zusammenschiebt, sieht sie aus wie die Schale einer Orange. Meist werden folgende Körperteile von Zellulitis befallen: Oberschenkel, Gesäß, Hüften, in seltenen Fällen Bauch, Oberarme und Nacken.

Da die Zellulitis hormonell bedingt ist, kann es auch vorkommen, daß sie mal stärker und mal schwächer auftritt.

Manche Frauen stellen vor Eintritt der Periode eine leichte Form der Zellulitis fest, die nach der Menstruation wieder verschwindet. Oft macht sich die Orangenhaut durch die während der Schwangerschaft oder in der Menopause auftretenden hormonellen Veränderungen besonders bemerkbar.

Ob sich der Zustand verschlimmert oder sogar dauerhaft wird, hängt weitgehend von Ihrer Lebensweise ab. Da emotionale Belastungen das hormonelle Gleichgewicht beeinträchtigen, können Nervosität, innere Anspannung, Enttäuschungen, plötzliche Aufregung, Ärger usw. Zellulitis verursachen. Entspannung ist also sehr wichtig, um eine dauerhafte Veränderung der Hautoberfläche zu verhindern. Frauen, die über Durchblutungsstörungen klagen, leiden oft unter Zellulitis. Wenn Sie also häufig kalte Hände und Füße haben oder leicht blaue Flecken bekommen, sollten Sie besonders vorsichtig sein. Für Durchblutungsstörungen sind meist Hormonstörungen verantwortlich sowie eine schlechte Körperhaltung und vor allem Plattfüße. Eine Unterfunktion der Schilddrüse kann ebenso ein Grund für schlechte Durchblutung sein. Man kann eine mangelhafte Durchblutung durch regelmäßige Gymnastik ankurbeln (auch Schwimmen und Spaziergänge sind sehr gut geeignet). Nehmen Sie regelmäßig warme Bäder (niemals heiß) und duschen Sie anschließend mit kaltem Wasser. Bestimmte Nahrungsmittel, die Flüssigkeit im Körper binden, fördern die Zellulitis besonders. Dazu gehören salzige und geräucherte Speisen, Zucker, raffinierte Kohlehydrate wie weißes Mehl und seine Erzeugnisse. Auch Lebensmittel, die das Gewebe aufschwemmen, z. B. Milch, begünstigen die Zellulitis. Bei einer mangelhaften Funktion der Leber tritt auch häufig Zellulitis auf.

Harntreibende Mittel wie schwarzer Tee, Kaffee, vor allem aber alkoholische Getränke können zu einer Verschlechterung führen, es ist also ratsam, davon abzusehen.

Behandlung

Reiben Sie den Körper vor dem Bad mit einem Massagehandschuh ab, um die Durchblutung anzuregen. Fügen Sie folgende Essenzen ins Badewasser (achten Sie darauf, daß es nie heiß ist):

2 Tropfen Zypresse
2 Tropfen Lavendel
2 Tropfen Zitrone
  (besonders gut für die Durchblutung)

Duschen Sie abschließend kalt und massieren folgende Mischung in die betroffenen Stellen:

3 Tropfen Zypresse
3 Tropfen Salbei
3 Tropfen Zitrone
1 Eierbecher Sojaöl

Trinken Sie viel Salbei- oder Eisenkrauttee. Nehmen Sie zur besseren Jodversorgung der Schilddrüse Seetangtabletten oder lösen Sie einige Tabletten im Badewasser auf, wenn Sie an Schlaflosigkeit leiden.

Achten Sie darauf, daß Ihre Ernährung viel Vitamin C (Zitrusfrüchte, schwarze Johannisbeeren und Kirschen) enthält, denn es besitzt eine schonende, harntreibende Wirkung. In seiner natürlichen Form besteht Vitamin C aus einer Zusammensetzung mit Bioflaviniden wie Rutin (man findet es vor allem im Fruchtfleisch von Zitrusfrüchten). Es besitzt gute durchblutungsfördernde Eigenschaften und trägt zur Stärkung der Blutgefäße bei.

Kochen Sie die Schale einer Zitrone in 500 ml Wasser, lassen Sie den Tee über Nacht stehen und fügen Sie am nächsten Tag den Saft einer Zitrone hinzu. Dieser Tee ist sehr reichhaltig an Vitamin C. Trinken Sie ihn gleich morgens nach dem Aufstehen und verdünnen Sie ihn nach Wunsch mit einem kleinen Schuß Wasser. Achten Sie darüber hinaus darauf, täglich mehrere Gläser Mineralwasser zu trinken, um einer unnötigen Wasseransammlung im Organismus entgegenzuwirken.

Leukorrhöe

Bei dieser Krankheitsform handelt es sich um eine Entzündung der Vagina, die durch ein vermehrtes Auftreten von Bakterien oder manchmal durch eine Art Pilzbefall verursacht wird. Es entsteht ein dicklicher Ausfluß, der eine weiße bis gelbe Färbung aufweist. Die Leukorrhöe tritt häufig nach der Einnahme von Antibiotika auf. Die Anfälligkeit für dieses Leiden erhöht sich meist bei Frauen, die die Pille einnehmen, während der Schwangerschaft oder bei Stoffwechselerkrankungen wie Diabetes.

Um das Auftreten der Leukorrhöe zu verhindern, ist eine gesunde Ernährungsweise sehr wichtig. Achten Sie darauf, daß Sie viel Vitamin A und sämtliche Vitamine des B-Komplexes zu sich nehmen. Vermeiden Sie Unterwäsche aus synthetischen Fasern wie Nylon oder Polyester und enganliegende Jeans.

Behandlung

Verwenden Sie als Badezusatz 2 Tropfen Wacholder-Essenz oder 2 Tropfen Lavendel-Essenz. Wenn Sie es jedoch vorziehen, statt dessen ein Bidet zu benutzen oder zu duschen, genügt es, wenn Sie von jeder der beiden Essenzen 1 Tropfen verwenden.

Schwangerschaft und Geburt

Die neun Monate der Schwangerschaft können die glücklichste Zeit Ihres Lebens sein. Von der Pubertät an bereitet sich der Körper auf dieses Phänomen vor. Kein Wunder also, daß jede gewünschte Schwangerschaft ein überwältigendes Gefühl der Erfüllung mit sich bringt. Sie tragen ein Kind in Ihrem Inneren, das aus Liebe geboren wird, und das Erlebnis, wie es allmählich im Bauch wächst, ist eine wunderbare Erfahrung. Jeder Tag meiner Schwangerschaft war aufregend, und ich fühlte mich dabei unbeschreiblich glücklich.

Für einen problemlosen Ablauf der Schwangerschaft ist es sehr wichtig, daß Sie gesund und munter sind, denn die psychische und emotionale Verfassung hat einen großen Einfluß auf die Entwicklung des Kindes. Achten Sie vor allem in der frühen Schwangerschaft auf sich. Denn während der ersten acht Wochen, vom Zeitpunkt der Empfängnis an, ist die Entwicklung des Fötus am größten. Die Zellen brauchen für normales Wachstum und Vermehrung eine reichhaltige Versorgung mit allen wichtigen Vitaminen, Mineralien, Aminosäuren, Fettsäuren usw. Pollen sind eine hervorragende Nahrungsergänzung, denn sie enthalten alle für die Gesundheit nötigen Nährstoffe. Nehmen Sie täglich $1/4 - 1/2$ Teelöffel davon. Verzichten Sie auf schwarzen Tee, Kaffee und Alkohol und trinken Sie viel Kamillen-, Salbei- und Hagebuttentee mit Honig. Vermeiden Sie in der Schwangerschaft die Einnahme von Medikamenten. Wissenschaftliche Studien zeigen, daß das Einatmen von Dämpfen, die in Chemikalien oder giftigen Mineralien enthalten sind, für die Entwicklung eines Kindes sehr schädlich sein kann und sogar Fehlgeburten auslöst. Denken Sie daran, daß Giftstoffe vom Mutterleib auf den Fötus übertragen werden, und schützen Sie sich vor allen Einflüssen, die dem Baby schaden könnten.

In der Schwangerschaft tritt eine vermehrte Produktion von Östrogen und Progesteron auf. Aufgrund dieser Veränderung im Hormonhaushalt kann es vorkommen, daß Sie ein starkes Verlangen nach bestimmten Nahrungsmitteln haben und von bestimmten Gerüchen abgestoßen werden. Es können Ödeme, Kreislaufprobleme und Schlaflosigkeit auftreten und im späteren Verlauf sogar Nervosität.

Ätherische Öle eignen sich zur Behandlung dieser Probleme bestens und tragen in erheblichem Maß zu einer Steigerung des allgemeinen Wohlbefindens bei. Da die Essenzen in den Blutkreislauf gelangen, wird auch das Baby von ihrer wohltuenden Wirkung profitieren. Es gibt allerdings einige aromatische Pflanzen, die Frühgeburten auslösen können. Man sollte daher nicht mit der Anwendung von ätherischen Ölen experimentieren. Die von mir beschriebenen Rezepte sind absolut sicher. Das jeweils empfohlene Mischungsverhältnis der Essenzen wurde sorgfältig ausgewogen.

Ödeme

Während der Schwangerschaft kommt es häufig zu übermäßigen Wasseransammlungen im Gewebe. Das ist bei fast allen Frauen der Fall, weil es sich dabei um einen ganz normalen physiologischen Ausgleich zur zusätzlichen Versorgung des Fötus handelt. Sie sollten nie versuchen dies mit harntreibenden Mitteln zu bekämpfen, da sie nicht nur zur Ausschwemmung von Flüssigkeit führen, sondern weil dabei auch wertvolle Mineralien wie Kalium und Magnesium verlorengehen. Und dieser Verlust könnte sich sehr schädlich auf die Entwicklung des Embryos auswirken.

Wenn das Gewebe stark aufquillt, sollten Sie die Aufnahme von Vitamin C erhöhen, denn es besitzt eine sanfte harntreibende Wirkung. Es gibt genug Pflanzen, deren ätherische Öle eine beträchtliche Menge an Vitamin C enthalten, z. B. Zitrusfrüchte, Orangen, Mandarinen und Lemonen. Mischen Sie ein Öl aus jeweils 1 Tropfen Petit Grain, Orangen-Essenz und Rosen-Essenz mit 4 – 5 Teelöffeln Mandelöl und verwenden Sie es zur Massage der betroffenen Stellen. Sie können die reinen Essenzen auch als Badezusatz verwenden.

Kreislaufstörungen

Nicht beachtete Kreislaufstörungen während der Schwangerschaft können zu einer Bildung von Krampfadern führen. Durch die Ausweitung der Gebärmutter wird die Durchblutung der Beine behindert, und aufgrund des zusätzlichen Gewichts, das Sie tragen müssen, wird der Rückstrom des Blutes zum Herz erschwert.

Achten Sie daher zur Unterstützung des Kreislaufs besonders auf Nahrungsmittel, die viel Vitamin E enthalten, sowie auf Vitamin-C-haltige Bioflavinide zur Stärkung der Blutgefäße. Man findet sie in der Schale von Zitrusfrüchten und in Pollenkörnchen. Legen Sie ein Kissen unter das Matratzenende Ihres Bettes, so daß die Beine leicht angewinkelt gelagert sind. Oder aber Sie legen ein Paar Holzklötze unter das Bett, um es am Fußende leicht zu erhöhen.

Stellen Sie ein Massageöl her, indem Sie 3 Tropfen Zypresse, jeweils 2 Tropfen Lavendel und Zitrone mit 1 Eierbecher Sojaöl mischen. Massieren Sie mit diesem Öl vor allem die Beine. Die puren Essenzen dieser Mischung können auch als Badezusatz verwendet werden.

Manchmal kommt es vor, daß Frauen als Folge einer schlechten Durchblutung an Hämorrhoiden leiden. Sie sollten versuchen, sich in ein Becken mit sehr kaltem Wasser zu setzen und die betroffenen Stellen mit dem für Hämorrhoiden empfohlenen Öl zu massieren.

Nervosität

Es ist sehr wichtig, während der Schwangerschaft ruhig und entspannt zu bleiben, denn nervliche Belastungen wie Anspannung und Angstzustände sind für die Entwicklung des Babys nicht sehr förderlich.

Zur Stärkung der Nerven leistet Magnesium gute Dienste und wird daher oft als Beruhigungsmittel empfohlen. Mandeln sind eine reichhaltige Quelle für dieses Mineral. Knabbern Sie täglich etwa zwölf bis sechzehn Mandeln und mischen Sie gehackte Mandeln unter Obstsalat oder Müsli. Sie enthalten außerdem Phosphorsäure, Linolsäure (eine der gesättigten Fettsäuren), Vitamin A und Vitamine des B-Komplexes (ebenfalls wichtig für gesunde Nerven).

Dank ihrer beruhigenden Wirkung auf das Nervensystem sind einige ätherische Öle sehr gut zur Massage oder Inhalation während der Schwangerschaft geeignet. Mischen Sie ein Nerventonikum aus 2 Tropfen Neroli, 2 Tropfen Melisse und 4 bis 5 Teelöffel Sojaöl und reiben Sie damit Brust und Bauch ein. Sie können auch je 2 Tropfen der angegebenen Essenzen unverdünnt als Badezusatz verwenden.

Schlaflosigkeit

Schlafprobleme tauchen meist etwa ab dem sechsten Monat der Schwangerschaft auf, denn ab diesem Zeitpunkt wird das Baby aktiv. Um eine gute Nachtruhe sicherzustellen, sollten Sie sich am Abend ausschließlich von Dingen ernähren, die eine schlaffördernde Wirkung haben – wie Salat, Orangen und Mandarinen. Vermeiden Sie auf jeden Fall schwere Mahlzeiten vor dem Schlafengehen.

Bereiten Sie einen Tee, bevor Sie zu Bett gehen. Kochen Sie hierfür etwas Lavendel und etwas Orangenblüten 2 Minuten in 500 ml Wasser und lassen Sie den Tee 5 Minuten ziehen. Trinken Sie vor dem Schlafen 2 Tassen davon und süßen Sie den Tee nach Belieben mit etwas Honig. Sie können auch 1 Tasse Wasser mit je 1 Tropfen Lavendel- und Neroli-Essenz auf den Heizkörper in Ihrem Schlafzimmer stellen. Der Duft, der sich im Raum ausbreitet, wird Ihnen das Einschlafen erleichtern.

Geburtsvorbereitung

Bei der Geburt erhält die Hypophyse vom Hypothalamus den Befehl, eine Substanz freizusetzen, die *Oxytocin* heißt und das Einsetzen der Wehen auslöst. Als ich in Malaysien war, sah ich eine schwangere Frau, die zum Kochen beachtliche Mengen Muskatnuß verwendete. Es stärkt die Muskeln und bereitet sie auf die Kontraktionen während der Geburt vor. Massieren Sie Ihren Bauch zwei bis drei Wochen vor der Geburt mit folgender Mischung:

3 Tropfen Muskatnuß
2 Tropfen Salbei
1 Tropfen Neroli
4 – 5 Tropfen Mandelöl

Verwenden Sie geriebene Muskatnuß zum Würzen von Gemüse – es wird dadurch leichter verdaulich – und mischen Sie das Gewürz mit Milch.

Geburt

Ätherische Öle können bei der Geburt sehr hilfreich sein zur Linderung von Atembeschwerden und zur Entspannung. Reiben Sie die Brust mit einer Mischung aus je 1 Tropfen Pinie,

Eukalyptus, Neroli und 3 Teelöffeln Mandelöl ein. Zur Entspannung geben Sie 1 Tropfen Neroli und 1 Tropfen Lavendel in warmes Wasser und stellen es neben das Bett, so daß sich die aufsteigenden Dämpfe im Raum verteilen.

Im ersten Abschnitt der Schwangerschaft ist eine sanfte Rückenmassage meist sehr wohltuend. Sie trägt zur Entspannung bei, regt die Durchblutung an und vermindert die Bildung von Ödemen. Verwenden Sie dazu ein Öl Ihrer Wahl. Ab dem dritten Schwangerschaftsmonat ist es jedoch nicht mehr ratsam, den Rücken zu massieren. In der zweiten Hälfte der Schwangerschaft sollte man oft die Beine massieren und sich, wenn möglich, die Fußsohlen mit einem Öl einreiben lassen.

Stillen

Nach der Geburt wird in der Hypophyse ein Hormon gebildet, das *Prolaktin* heißt und die Drüsen in der Brust zur Milchproduktion anregt. Die Bestandteile der Muttermilch stammen aus dem Blut, das durch die Drüsen fließt, und versorgen das Baby mit allen lebenswichtigen Nährstoffen.

In den ersten Tagen nach der Geburt wird eine ganz bestimmte Milch produziert, die *Kolostrum* genannt wird. Diese Vormilch ist für das Baby sehr wichtig, damit es kräftig und gesund wird, denn sie enthält Antikörper und schützt das Neugeborene, bis es eigene Abwehrkräfte aufgebaut hat. Dieser Schutz füllt die sogenannte ›Immunitätslücke‹ und ist der Grund dafür, daß Stillkinder bei weitem widerstandsfähiger sind als Flaschenkinder. Viele Neugeborene leiden an einer Allergie auf Kuhmilch, was sich durch Koliken, Ekzeme, Brech-Durchfall oder auch durch Anämie bemerkbar machen kann. Auch in diesen Fällen ist Muttermilch die beste Art der Ernährung.

Stillen sollte der Mutter Freude bereiten und ihre Beziehung zu dem Baby vertiefen. Doch viele Frauen lassen sich durch die irrtümliche Meinung vom Stillen abhalten, man bekäme einen Hängebusen davon. Das Gegenteil ist der Fall. Erst durch das Stillen erhält die Brust wieder ihre ursprüngliche Form. Während der letzten neun Monate wurden die Drüsen mit Hilfe der Hormone Östrogen und Progesteron auf die Milchbildung vorbereitet. Die Saugbewegungen des Babys beim Stillen bewirken eine Kräftigung des Muskelgewebes, das der Brust Halt gibt. Die Brüste leiden also nur dann, wenn ihre natürliche Funktion verhindert wird.

Manche Frauen klagen über entzündete Brustwarzen, wodurch das Stillen zu einer sehr schmerzhaften Erfahrung werden kann. Um diesem Problem vorzubeugen, sollten Sie die empfindliche Haut der Warzen während der ganzen Schwangerschaft mit einer Mischung aus Mandelöl und Zitronensaft massieren. Verwenden Sie nach der Geburt eine Mischung aus 4 Tropfen Rosenöl, 2 Tropfen Zitronenöl und 2 Tropfen Mandelöl zur Massage der ganzen Brust.

Essen Sie so oft wie möglich Fenchel, Karotten und Linsen, um den Milchfluß anzuregen. Verwenden Sie viel Petersilie in Salaten, gedämpftem Gemüse oder als Saft. Kochen Sie etwas Hopfen 2 Minuten in Wasser und lassen Sie das Ganze 5 Minuten ziehen. Trinken Sie von diesem Tee täglich einige Tassen.

Aromatherapie für Neugeborene

Für das Baby ist es ein großer Schock, die sichere, kleine Welt im Bauch der Mutter zu verlassen und in eine neue, fremde Welt zu kommen. Man sollte ihm also durch sanfte Berührungen und angenehme Gerüche ein Gefühl von Geborgenheit und Sicherheit vermitteln. Geben Sie ins erste Bad nur

148

1 Tropfen Lavendel- oder Neroliöl. Da der Geruchssinn bei Neugeborenen sehr ausgeprägt ist, werden Sie überrascht eine Reaktion auf den Duft feststellen. Waschen Sie das Baby nie mit scharfen Reinigungsmitteln. Wenn das Gesicht etwas ölig ist, wird ihm zur Reinigung Hamamelis-Essenz mit destilliertem Wasser guttun.

Massieren Sie das Baby nach dem Abtrocknen sanft mit leichten, streichelnden Bewegungen. Verwenden Sie dazu eine Mischung aus 1 Tropfen Neroli, 1 Tropfen Lavendel und 1 Eierbecher Mandelöl.

Schlaflosigkeit

Wenn ein Baby über drei bis vier Monate hinaus Schlafstörungen hat, machen Sie ihm folgenden Tee: Kochen Sie 1 Prise Orangenblüten 2 Minuten in 500 ml Wasser und lassen Sie den Tee 5 Minuten ziehen. Verwenden Sie zum Süßen Honig, und geben Sie dem Baby zwischen den Mahlzeiten davon zu trinken.

Koliken

Wenn Babies viel schreien und sich offensichtlich unwohl fühlen, leiden sie häufig an Koliken. Ab dem dritten Lebensmonat eignet sich folgendes Mittel: Kochen Sie einige Karottenscheiben mit etwas Fenchel 45 Minuten lang, pürieren Sie dann das Gemüse und vermischen Sie es anschließend noch mit 1 Teelöffel Honig. Geben Sie dem Baby davon, wenn es schreit.

Tauchen Sie ein Baumwolltuch in eine Mischung aus Wasser mit Pinien- und Orangenöl oder Lavendel- und Orangenöl. Winden Sie das Tuch aus und legen Sie es im Schlafraum des Babys auf oder neben den Heizkörper.

Menopause

Die meisten westlichen Frauen sehen den Wechseljahren mit großer Besorgnis entgegen, denn sie betrachten die Menopause als Beginn des Alters und als das Ende ihrer Schönheit. In den gängigen Illustrierten wird leider die irrtümliche Meinung verbreitet, daß sich Schönheit nur in eleganter Kleidung und jugendlichem Teint äußert, wodurch die Angst vor den Wechseljahren bestärkt wird.

In Wahrheit jedoch bedeutet das Klimakterium nichts anderes als das Ende des monatlichen Zyklus, so, wie die Pubertät seinen Beginn anzeigt. Die Eierstöcke stellen allmählich ihre Reaktion auf die in der Hypophyse produzierten Geschlechtshormone ein. Die Menopause setzt gewöhnlich im Alter zwischen 42 und 50 Jahren ein, kann aber bei Unterernährung, großen emotionalen Belastungen oder schlechter gesundheitlicher Verfassung auch früher beginnen. Der Menstruationszyklus wird unregelmäßig und hört allmählich auf.

Mit der verminderten Östrogen- und Progesteronproduktion sind auch verschiedene physische und psychische Veränderungen verbunden. Dies äußert sich häufig in Hitzewallungen, übermäßigem Schwitzen, Schwindelanfällen, Schwächeanfällen und manchmal in einem verminderten Interesse an Sexualität. Diese Symptome treten jedoch nur während der hormonellen Veränderungen auf und verschwinden danach wieder. In dieser Hinsicht gleichen die Wechseljahre der Pubertät, denn auch hier können die Hormonschwankungen Launenhaftigkeit, Wasseransammlungen oder Gewichtszunahme verursachen und führen manchmal sogar zu Schwindel. Bei vielen Frauen verschlimmern sich die hormonbedingten Symptome, wenn sie müde oder unglücklich sind. Eine Dame, die mich um Hilfe bat, war sehr unglücklich, denn die Wechseljahre setzten bei ihr bereits im Alter von 35 Jahren ein. Ihre häufigen Besuche beim Gynäkologen erwiesen sich als nutzlos. Kein Wunder, denn die hormonellen Veränderungen wurden durch ihren Lebenswandel ausgelöst. Sie war eine typische Karrierefrau und hatte sich während der letzten zehn Jahre nur auf Reisen zwischen England, Kalifornien und Asien befunden. Obendrein hatte sie äußerst unregelmäßige Eßgewohnheiten angenommen, die zu Magengeschwüren und Schlaflosigkeit führten.

Ich riet ihr, an einem Kurs für Entspannung teilzunehmen und verordnete eine strenge Diät. Zusätzlich verschrieb ich ihr einige Ölmischungen aus Zypresse, Eisenkraut und Rose und anderen Essenzen als Bade- und Massageöl und zur Einnahme. Nun hat sie gerade ihre frühen Wechseljahre hinter sich und führt noch immer ein aktives Leben. Aufgrund der Behandlung hat sie aber gelernt, sich zu entspannen und auf ihre Gesundheit zu achten. Die gesundheitlichen Probleme, die ihr noch vor wenigen Jahren zu schaffen machten, sind völlig verschwunden.

Ich erinnere mich an eine andere reizende Dame, die vor langer Zeit zu mir kam. Bei ihr begann das Klimakterium ganz normal im Alter von 50 Jahren. Doch sie hatte schreckliche Angst bei dem Gedanken alt zu werden, da sie einen äußerst aktiven Ehemann hatte, der zehn Jahre jünger war als sie. Als sie plötzlich merkte, daß ihre Schönheit verblaßte und ihr sexuelles Interesse nachließ, war sie sehr verzweifelt, noch dazu, da ihr Mann sie wissen ließ, er würde sich bald nach einer jüngeren Frau umsehen. Sie litt damals unter Magenverstimmung, Verstopfung, Blasenentzündung, Schlaflosigkeit und Zellulitis und führte all diese Leiden auf die Wechseljahre zurück.

Auf der Suche nach Anhaltspunkten für die möglichen Ursachen dieser Störungen entdeckte ich, daß sie den ganzen Tag über nichts aß, Tee und Kaffee trank, um nicht müde zu werden, denn sie wartete jeden Abend mit dem Essen auf ihren Mann. Gewöhnlich aßen sie zwischen neun und zehn Uhr abends und das Essen wurde nicht mehr vollständig verdaut. Das also war die Hauptursache ihrer Verdauungs- und Schlafprobleme, und nicht die Hormone.

Ich verordnete Sassafras und Eukalyptus gegen die Blasenentzündung, Salbei zur Linderung der hormonellen Störungen und der Nervosität sowie Thymian zur Verbesserung der Durchblutung und gegen die Schlaflosigkeit.

Behandlung

Ich rate Frauen in den Wechseljahren, viel Salbei- und Nesseltee zu trinken, denn beide Tees sind sehr reichhaltig an Substanzen, die in ihrer Zusammensetzung den weiblichen Hormonen gleichen. Salbei eignet sich auch sehr gut zur Linderung von Hitzewallungen. Thymian hingegen ist wohltuend bei Nervosität und kann zur Anregung statt schwarzem Tee oder Kaffee getrunken werden.

Bei Schlaflosigkeit empfehle ich einen Tee aus den Blüten der Passionsfrucht. Er wird Ihnen zu erholsamer Nachtruhe verhelfen. Mischen Sie ein Massageöl aus

3 Tropfen Thymian
2 Tropfen Rosmarin
3 Tropfen Basilikum
3 Tropfen Zypresse
1 Eierbecher Sojaöl

und verwenden Sie es zur Massage von Bauch und Nacken.

Als Badezusatz können Sie entweder 3 Tropfen Basilikum und 3 Tropfen Zypresse, 3 Tropfen Thymian und 3 Tropfen Rosmarin oder 3 Tropfen Rosmarin und 3 Tropfen Basilikum verwenden.

7. Kapitel

Aromatherapie
in
der Küche

In den letzten Jahren wuchs das Bewußtsein über die Notwendigkeit einer ausgewogenen Ernährung und den hohen Stellenwert frischer, vollwertiger Lebensmittel. Doch leider wird die Bedeutung der darin enthaltenen Aromastoffe weiterhin vernachlässigt. Das ist sehr schade, denn gerade das Aroma spielt bei der Auswahl von Nahrungsmitteln und der Zubereitung von Speisen eine sehr wichtige Rolle. In Frankreich und Italien ist es üblich, daß der kritische Kunde die Ware vor dem Kauf abtastet und sogar daran riecht, denn anhand ihres Aromas erfahren wir Näheres bezüglich der Qualität, Frische oder Reife von Lebensmitteln. Unglücklicherweise vernachlässigen die meisten Menschen ihren Geruchssinn und besitzen daher nicht mehr die Fähigkeit, Nahrungsmittel nach ihrem Aroma zu beurteilen. Es ist nicht schwer, den Unterschied zwischen frischer und saurer Milch festzustellen, doch wer kann heute noch den Geschmack einer Melone anhand ihres Geruches erkennen.

Der moderne Mensch verläßt sich meist viel zu sehr auf äußerliche Merkmale von Nahrungsmitteln wie Farbe, Form und Saftigkeit und glaubt, man könne anhand dieser Merkmale ihre Frische und Qualität beurteilen. Die Lebensmittelhersteller wissen natürlich, wie sie diesen Irrtum ausnützen können. Nicht selten wird abgepacktes Fleisch mit roter Farbe versetzt, damit es länger frisch aussieht. Hühnern werden oft vor dem Schlachten sogenannte Polyphosphate injiziert, damit ihr Fleisch frischer aussieht. Sogenannte ›frische Lebensmittel‹ sind meist durch Plastikfolie luftdicht verschlossen, damit keine Duftmoleküle entweichen können, und es dürfte schwierig sein, den Verkäufer von der Notwendigkeit einer Geruchsprobe zu überzeugen.

Auch bei der Zubereitung von Speisen spielt das Aroma eine wichtige Rolle, da es den Körper auf die Nahrungsaufnahme vorbereitet. Wenn Sie z. B. morgens frische Orangen auspressen, erhalten Sie nicht nur Vitamin-C-haltigen Saft, sondern atmen zunächst das köstliche Aroma ein, wodurch der Verdauungsprozeß angeregt wird (vielleicht werden sogar schöne Erinnerungen an einen sonnigen Urlaub in Tunesien oder Süditalien wach). Beim Kauf von fertigen Säften in Flaschen oder Packungen wird der Geruchssinn hingegen nicht stimuliert. Nehmen Sie sich also die Zeit und verarbeiten Sie frisches Obst.

Auch beim Kochen sollten sich angenehme Düfte entfalten, um den Appetit anzuregen. Sobald unser Geruchsorgan die Geruchsmoleküle wahrnimmt, sendet es Nervenreize zum Gehirn und löst die Produktion von Speichel und Magensäften aus. Außerdem steigert ein gutes Aroma die Freude am Essen, denn jener Teil des Gehirns, der mit dem Geruchssinn in Verbindung steht (limbisches System), wacht auch über unsere Gefühle. Auf diese Weise sind zum Überleben notwendige Betätigungen wie Essen nicht nur eintönige Rituale, sondern sie sind darüber hinaus mit angenehmen Emotionen verbunden.

Aus diesem Grund sollten Mahlzeiten für magersüchtige und depressive Patienten – denen häufig der Antrieb fehlt, sich selbst zu ernähren – mit viel Kräutern und Gewürzen zubereitet werden. Gewürze enthalten eine Vielzahl ätherischer Öle und besitzen eine anregende Wirkung auf den Geruchssinn. Doch erst durch Hacken, Pressen, Mahlen oder

Erhitzen der Kräuter und Gewürze werden diese aromatischen Substanzen freigesetzt.

Ätherische Öle fördern zudem eine gesunde Verdauung, deren Bedeutung oft zu wenig beachtet wird. Egal wie gesund und vitaminhaltig einzelne Nahrungsmittel sein mögen, die enthaltenen Nährstoffe haben nur geringen Wert, wenn sie nicht vollkommen freigesetzt und vom Organismus aufgenommen werden.

Psychischer Streß und emotionale Belastungen, Müdigkeit und Erschöpfungszustände, all das hemmt die Produktion der Verdauungssäfte, wodurch die Nahrung nur teilweise zersetzt wird. Daher leiden meist unglückliche und nervöse Menschen an Verdauungsstörungen.

Wenn halb verdaute Nahrungsrückstände in den Blutkreislauf gelangen, können sie alle möglichen Beschwerden, wie beispielsweise Kopfschmerzen, Wasseransammlungen und Übelkeit, verursachen. Verwenden Sie also beim Kochen möglichst häufig aromatische Kräuter, Gewürze, frisches Obst und Gemüse.

Ätherische Öle besitzen auch die nützliche Eigenschaft, Mineralien zu binden und verhindern, daß sich diese wertvollen Nährstoffe im Kochwasser auflösen und weggegossen werden. Aufgrund der allgemein üblichen Anwendung von Dünger (meist chemisch) wächst Obst, Gemüse und Getreide heutzutage viel zu schnell, so daß sich in der kurzen Zeit nicht alle Nährstoffe voll entfalten können. Um so wichtiger ist die richtige Zubereitungsmethode solcher Nahrungsmittel, denn wir können es uns nicht leisten, daß beim Kochen zusätzliche Nährstoffe verlorengehen. Vermeiden Sie zu große Hitze (z. B. im Schnellkochtopf) und lange Garzeiten bei der Zubereitung von Obst und Gemüse, um den Verlust von Mineralien, Vitamin C und Vitaminen des B-Komplexes zu verhindern.

Geschichtliche Hintergründe der aromatischen Küche

Die ätherischen Öle, die in Kräutern, Gewürzen, Obst und Gemüse enthalten sind, besitzen etliche therapeutische Eigenschaften. Aus diesem Grund heißt es, daß ein guter Koch auch meistens ein guter Arzt ist.

Seit über tausend Jahren kennt man die heilsame Kraft bestimmter Pflanzen, doch zur Zeit der alten Ägypter erreichte die medizinische Anwendung von Pflanzen ihren Höhepunkt an Kultiviertheit. Zahlreiche Rezepte zur Behandlung der unterschiedlichsten Krankheiten wurden entdeckt, als man die Papyrusrollen von Ebers und Edwin Smith fand. Aus diesen und anderen Quellen erfahren wir, daß die Ägypter ihre medizinische Kochkunst sehr ernst nahmen, doch gleichzeitig große Freude daran hatten, aromatische Substanzen zu verwenden.

Sie bauten Felder an mit Gurken, Lauch und wildem Rettich und pflegten kleine Gärten mit Kräutern, wie Estragon, Petersilie, Lorbeer und Gewürzen wie Ingwer. Um Epidemien vorzubeugen, würzten sie die Speisen mit Zimt und Ingwer. Auch Zwiebeln und Knoblauch wurden häufig verwendet, um körperliche Schwäche und Müdigkeit zu vertreiben. Da sich die Armen nur äußerst selten eine Fleischmahlzeit leisten konnten, kochten sie statt dessen Zwiebeln. Auch in unteren Bevölkerungsschichten wußte man, wie wertvoll die Verwendung aromatischer Substanzen in der Küche ist. Man wußte, daß bestimmte Nahrungsmittel schwer verdaulich sind und kochte sie daher mit aromatischen Kräutern und Gewürzen. Koriander, Anissamen und Kümmel sollten die Verdauung von Roggen- und Hirsebrot erleichtern – eine Methode, die noch heute in einigen europäischen Ländern üblich ist. Bei der Zubereitung von Bohnen – die sehr beliebt waren – wurden Zwiebeln und Thymian verwendet, um die berüchtigten Blähungen zu verhindern. In wohlhabenden Familien wurde Fleisch und Fisch mit einer Füllung aus Vollkornmehl, Honig und zahlreichen aromatischen Kräutern zubereitet.

Aus alten griechischen Texten geht hervor, daß Alexander der Große von seinen Feldzügen viele Kräuter und Gewürze aus Asien und Europa nach Griechenland brachte. Hippokrates – der Vater der Medizin –, dessen Lehren auch heute noch von Heilpraktikern und Kräuterheilkundigen befolgt werden, war vom therapeutischen Wert aromatischer Pflanzen bei der Speisenzubereitung überzeugt. Er empfahl Zwiebeln bei Wasseransammlungen, Kerbel bei Melancholie als Folge einer Leber- oder Magenkrankheit, Rosmarin zum Würzen von Gemüse bei Leber- und Milzstörungen und Senf bei Ischias.

Die üppigen Gelage der alten Griechen bestanden oft aus zwanzig Gängen, und ich glaube, daß das ohne die großzügige Verwendung von Gewürzen nicht möglich gewesen wäre. Der Feinschmecker und Philosoph Epicurus nahm keine Mahlzeit zu sich, die nicht mindestens fünf aromatische Kräuter beigefügt enthielt.

Ein berühmter Botaniker der damaligen Zeit, Theophastrus, war auch für sein kulinarisches Wissen bekannt. Seine Spezialität war ein Rezept für die Zubereitung von Austern, und er verwendete dabei Kümmel und Pfeffer, um sie bei Verzehr in großen Mengen leichter verdaulich zu machen. Fisch kochte man zwischen Oreganoblättern und Fenchel und reichte dazu eine Sauce, die mit Knoblauch, Zwiebel, Estragon, Thymian und Pfeffer gewürzt wurde. Ein spezielles Ragout wurde mit Fenchel, Petersilie und Oregano zubereitet, um dem Fleisch ein appetitanregendes Aroma zu verleihen und es leichter verdaulich zu machen.

Etimus, ein anderer kulinarischer Experte, war bekannt für seinen Linseneintopf, den er mit Kümmelsamen und Thymian zubereitete, damit das wertvolle Eisenmineral beim Kochen nicht verlorenging.

In Griechenland war man offensichtlich auch stolz auf eine Art Blutwurst, die mit Knoblauch, Zwiebeln, Thymian und Oregano gewürzt wurde. Ein ähnliches Gericht wird heute noch in manchen Teilen Frankreichs gegessen.

Die Römer ernährten sich 600 Jahre lang mit relativ einfachen Gerichten, bis ihre Eroberungen sie in die weite Welt führten. Von ihren Reisen brachten sie Kräuter und Gewürze sowie Ideen für die Anwendung mit. Viele römische Spezialitäten stammen aus der griechischen Küche und wurden dem römischen Geschmack angepaßt. Die Römer schätzten aromatische Pflanzen sehr. Spezielle Rezepte für die Anwendung von Kräutern und Gewürzen wurden kreiert, um den jeweiligen Kaiser zu erfreuen, und nicht selten widmeten Dichter ihren Lieblingskräutern einen Vers. Pfeffer, Salz und Zimt waren damals sehr kostbar und dienten als Zahlungsmittel.

Eine der größten Gefahren in der damaligen Zeit war die Cholera. Um sich davor zu schützen, würzten die Römer ihre Speisen mit Rosmarin, Wacholderbeeren, Ysop und Basilikum. Auch damals wurden Frauen von prämenstruellen Beschwerden geplagt. Um die Symptome zu schwächen, mischten sie Petersilie in Salat und tranken Tee aus Petersilienblättern und -samen. Dieses Getränk wird auch heute noch gegen Dysmenorrhöe eingesetzt.

Sowohl die Römer als auch die Griechen waren sehr stolz auf ihre Spezialitäten und verzehrten bei ihren Gelagen so große Mengen, daß sie unweigerlich an Mundgeruch litten. Zur Erfrischung des Atems kauten sie Lorbeerblätter und Kümmelsamen. Sie wußten auch eine besonders gute Bouil-

Nein, Kräutern und Gewürzen wie Thymian, Garten-
nd Kerbel herzustellen, in der Fisch gekocht wurde.
em anderen beliebten Gericht wurden Thunfisch, Ma-
kreren, Sardinen und Aal in einer Marinade aus Dill, Fenchel,
Koriander und Thymian eingelegt und zehn Tage lang in die
Sonne gestellt, bis der Fisch zerfallen war. Dieses vitaminhal-
tige Gebräu wurde dann in Flaschen abgefüllt und zu Teigwa-
ren und geröstetem Brot gereicht.

In Indien werden seit Jahrhunderten beim Kochen scharfe
Gewürze verwendet. Man hat vermutlich auf diese Weise
versucht, Fleisch länger frisch zu halten, das in dem heißen
Klima sehr schnell verdarb. Die Medizin der Indianer basiert
auch auf der Anwendung aromatischer Nahrungsmittel. Die
meisten Gewürze, die in der Küche zahlreicher Völker zum
Einsatz kommen, stammen vermutlich aus Indien. Die Araber, die vor über hundert Jahren in indischen Häfen Handel
betrieben, führten etliche Gewürze ein und importierten ihre
einheimischen Orangen und Zitronen, die wegen ihres feinen Parfums zum Backen von Kuchen und anderen Delika-
tessen sehr beliebt waren.

Eine Reihe traditioneller französischer Gerichte haben
ihren Ursprung in der römischen und griechischen Küche,
wobei die Rezepte aufgrund der großen Auswahl von
Fleisch-, Fisch-, Obst- und Gemüsesorten regional variieren.
Die Eltern meines Vaters stammen aus der Gegend von Ar-
dèche und Lozère in Südfrankreich, und er wuchs mit der feinen, traditionellen, französischen Kochkunst auf. Mein Groß-
vater war ein berühmter, französischer Dichter und Schriftsteller und ließ sich gerne beim Kochen einer delikaten, aro-
mareichen Mahlzeit inspirieren. Natürlich schätzte er gutes
Essen über alles, und ich kann mich gut erinnern, daß er einmal sagte: »Die Engländer sind eine feine Rasse, doch was
ihnen fehlt, ist guter Geschmack.« Gelegentlich unternahm

er Reisen nach England, doch er blieb nie länger als einen Tag, denn er konnte die englische Küche nicht ausstehen!

Meine Großmutter war Direktorin an einer Schule und verbrachte ihre Kindheit in einem winzigen Dorf. Es gab dort keinen Arzt, und Krankheiten wurden nach Möglichkeit mit heilsamen Nahrungsmitteln behandelt. Ich erinnere mich oft daran, wie meine Großmutter mich bei ihren langen Wanderungen in die Berge mitnahm, um Kräuter zu sammeln, die sie in Wein oder Suppe gab. Sie schätzte vor allem die Heilkraft des wilden Thymian. Wenn eines von uns Kindern erkältet war, bereitete sie eine spezielle Mahlzeit. Sie kochte ein Stück Fleisch in Wasser mit wildem Thymian, Rosmarin, Knoblauch und Zwiebel. Dazu machte sie eine weiße Sauce aus zwei frischen Meerrettichwurzeln, die sehr scharf war. Oder sie kochte eine Suppe aus Kartoffeln, Karotten, Sellerie und viel frischem Majoran. Als Nachtisch bekamen wir Reispudding mit Engelwurz und Ingwer.

Ich warte noch immer auf den Tag, an dem der Ober im Restaurant nicht die Menükarte bringt, sondern sich nach eventuellen Beschwerden – Kopfschmerzen, Erkältungen oder vielleicht prämenstruelle Beschwerden – erkundigt und demzufolge ein delikates, aromatisches Gericht serviert.

Richtlinien für eine gesunde Ernährung

Eine gute Gesundheit ist nicht dem Zufall überlassen, denn sie wird von den Lebensgewohnheiten beeinflußt, in erster Linie aber von der Ernährung. Dabei gilt folgender Grundsatz: je frischer und naturbelassener die Nahrungsmittel, desto gesünder die Ernährung. Alle Verarbeitungsmethoden bedeuten einen mehr oder weniger großen Verlust an Vitaminen und Mineralien.

In meinen Augen werden die Nährstoffe durch derartige Prozeduren getötet. Frische Nahrungsmittel besitzen ein natürliches Energiepotential, besonders Obst und Gemüse, denn sie enthalten aktive Enzyme. Solche Lebensmittel sind – wenn Sie so wollen – lebendig. Wenn sie nun hohen Temperaturen ausgesetzt werden oder in ihrer organischen Struktur verändert werden, verlieren sie ihre Energie sowie die wertvollen ätherischen Öle und besitzen für unsere Ernährung nur noch einen geringen Wert. Nahrungsmittel sind nach der Verarbeitung meist geschmacklos, ohne Aroma und farblos. Also werden sie mit künstlichen Geschmacksverstärkern, Farbstoffen und Konservierungsstoffen versetzt, die überhaupt keinen Nährwert besitzen. Manche Hersteller versuchen verlorene Mineralien durch synthetisch erzeugte Substanzen zu ersetzen, doch es ist sehr unwahrscheinlich, daß sie denselben Nährwert besitzen.

Beachten Sie folgendes, wenn Sie Ihre Speisekammer wieder auffüllen. Ersetzen Sie:

- Zucker durch Honig (am besten ungefiltert) und rohen Farinzucker,
- Weißbrot durch Vollkornsorten,
- Konserven durch frisches Obst und Gemüse,
- Margarine durch kaltgepreßtes Pflanzenöl und ungesalzene Butter,
- Néscafé durch frische Kaffeebohnen usw.

Mit anderen Worten, versuchen Sie ausschließlich, naturbelassene Zutaten zu verwenden. Wählen Sie so oft wie möglich einheimische Produkte und kaufen Sie Obst und Gemüse immer der Jahreszeit entsprechend. So können Sie sicher sein, daß z. B. Karotten und Äpfel erst vor kurzem geerntet wurden. Andernfalls wäre es möglich, daß die Ware bereits seit Monaten gelagert wird und wertvolle Vitamine eingebüßt hat. Exotische Früchte und Gemüse mögen eine interessante Abwechslung auf den Tisch bringen, doch es kann sein, daß sie künstlich gereift wurden (z. B. Bananen) und sollten stets durch einheimische Obstsorten ergänzt werden. Auch sollte man die Zubereitungsmethode von Speisen auf die jeweilige Jahreszeit abstimmen. Im Winter, wenn es kalt ist, braucht der Körper mehr Brennstoff (Kalorien). Die zusätzlich erzeugte Wärme wird in Fett umgewandelt, um den Körper vor Kälte zu schützen. Man kann also im Winter unbesorgt reichhaltige Nahrungsmittel zu sich nehmen, wie Nüsse und Fleisch. In den wärmeren Monaten sollte man dann aber zu einer leichteren Kost übergehen. Oder können Sie sich vorstellen, an einem heißen Sommertag Weihnachtsstollen zu essen? Rohes Gemüse als Salat oder Rohkost zubereitet, ist eine ideale Sommermahlzeit. Im Winter schmeckt Gemüse besser, wenn man es mit einem kleinen Stück Butter dämpft.

Wenn Sie sich nach den Regeln der Natur richten und die körperlichen Bedürfnisse beachten, werden Sie feststellen, daß die zusätzlichen Pfunde, die man im Winter gern zulegt, im Frühjahr ganz von selbst verschwinden. Sie müssen sich dabei nicht mit langweiligen Diäten und ständigem Kalorienzählen abplagen!

Das ganze Geheimnis einer gesunden Ernährung liegt darin, frische, vollwertige Nahrungsmittel auszuwählen. Jeder Mensch braucht entsprechend seinem Alter und Rhythmus ein bestimmtes Maß an Nährstoffen, z. B. braucht eine Frau in den Wechseljahren weniger Kalorien als ein junges, athletisches Mädchen. Ältere Frauen brauchen auch weniger Protein und tun sich daher oft schwer, Fleisch zu verdauen, vor allem, wenn es abends verzehrt wird. Schlaflosigkeit und Magenverstimmung sind meist das Ergebnis einer zu üppigen Mahlzeit nach acht Uhr abends.

Die meisten Frauen würden sich viel wohler fühlen, wenn sie ihre Ernährungsweise nach ihrem monatlichen Zyklus richten würden. Übermäßige Flüssigkeitsansammlungen im Gewebe können beispielsweise durch den Verzehr von beliebigen Mengen Obst und Gemüse erleichtert werden, doch Gemüse sollte vorher leicht gedünstet werden (s. auch KAPITEL SECHS).

In Streßphasen erhöht sich vor allem das Bedürfnis nach Vitamin C und den Vitaminen des B-Komplexes, und man sollte die Ernährung unbedingt darauf einstellen. Wenn Sie viel Kaffee und schwarzen Tee trinken, ist das meist ein Zeichen dafür, daß Sie unter zu großem Streß leiden oder daß Sie nicht gesund sind (viele Menschen betrachten Genußmittel irrtümlicherweise als Nahrungsmittel). Genußmittel gelten allgemein als harmlos und werden im Übermaß konsumiert. Verwenden Sie solche Getränke nur zum Zweck der schnellen Stärkung, denn nur so können Sie ihre wohltuende Wirkung genießen.

Gesunde Ernährung für junge Menschen

Babies und Kinder brauchen eine spezielle Ernährung. Durch das schnelle Wachstum benötigen sie zur Bildung von neuem Gewebe und zur Stärkung der Knochen zusätzliche Nährstoffe. Leider werden Mütter von den Herstellern in den falschen Glauben versetzt, ihre Kinder bräuchten eine speziell zubereitete Nahrung in Form von Suppenpulver oder in Gläsern abgefüllt, sowie Desserts, Kekse und Getreideflocken mit dem Zusatz von Vitaminen etc. Aufgrund der Werbung entsteht die Ansicht, eine Mutter wäre unverantwortlich, wenn sie die Bedürfnisse ihres Babys nicht mit derartigen Erzeugnissen befriedigt. Doch Babies können auch ohne solche Fertigprodukte sehr glücklich überleben, und das seit vielen Jahren. Da fertige Babynahrung meist Zucker, Salz, Farbstoffe und Aromastoffe enthält, ist sie für Kleinkinder sogar schädlich, denn ihre empfindsame Konstitution ist diesen Zusätzen nicht gewachsen. Kein Wunder also, daß es dabei zu vermehrtem Auftreten von Hautausschlägen und Allergien kommt.

Es ist zweifellos vernünftiger, Kindern frische Nahrungsmittel zu geben, die Sie auch selbst essen. Wenn ein Baby die ersten Zähne bekommt, sind rohes Gemüse, wie Karotten oder Kohl und Obst, wie Äpfel, ideal, denn die darin enthaltenen ätherischen Öle helfen, die oftmals auftretenden Schmerzen durch entzündetes Zahnfleisch zu lindern. Bereiten Sie einfache, aber nahrhafte Mahlzeiten aus zerdrückten Tomaten und mischen Sie andere Gemüsesorten, wie Karotte, Zucchini, Zwiebeln oder grüne Bohnen unter. Schütten Sie nie das Kochwasser von Kartoffeln weg, sondern mischen Sie es zusammen mit Milch, Sojamilch oder frischer Sahne und einem Teelöffel Oliven-, Maiskeim- oder Sonnenblumenöl unter den Gemüsebrei. Mit etwas geriebenem Käse, wie Cheddar, Gruyère oder Parmesan, einem Ei, Fisch, wie Seezungen- und Kabeljaufilet, oder gehackter Leber bringen Sie Abwechslung in den täglichen Speiseplan. Verwenden Sie auch verschiedene Gemüsesorten beim Kochen von Suppen, Brühen, Saucen usw.

Babynahrung sollte stets mit aromatischen Kräutern gewürzt werden. Ihr Kind wird es Ihnen mit Freude am Essen danken und von der verdauungsfördernden Wirkung profitieren. Es ist interessant, daß Kinder bereits in frühem Alter einen Geschmack für aromatische Gewürze wie Knoblauch, Zwiebeln, Basilikum und Petersilie entwickeln.

Ab dem dritten Lebensjahr können Kinder dasselbe essen wie die Eltern. In meiner Kindheit nahm ich immer an den

Mahlzeiten meiner Familie teil, was zur Entwicklung meines Geruchs- und Geschmackssinns beitrug, und ich konnte sehr bald guten Camembert von schlechtem unterscheiden.

Heutzutage bekommen Kinder oft raffinierte Dinge zu essen, die mit Zusätzen nur so überladen sind. Da sie auf ihre Eltern angewiesen sind und sich automatisch auf sie verlassen, wissen Kinder nicht, welche Schäden eine solche Ernährung anrichten kann (die Werbung ist sehr einflußreich). Eine liebevolle Mutter, die sich wünscht, daß ihre Kinder gesund aufwachsen, sollte sich die Zeit nehmen, vollwertige Mahlzeiten zu bereiten. Verwenden Sie beim Kuchenbacken statt Zucker getrocknete Rosinen, Sultaninen, Mandeln, Walnüsse, Honig und Bananen. So entwickeln Kinder erst gar kein Verlangen nach Süßigkeiten oder Keksen und werden sie auch bei Einladungen ablehnen. Versuchen Sie Ihre Kinder so zu erziehen, daß sie für ihre Ernährung eigene Verantwortung tragen. Lassen Sie Ihr Kind selbst entscheiden, ob es lieber Obst, Nüsse oder Honig in den Joghurt mischt. So wird es einen eigenen Geschmack und persönliche Vorlieben entwickeln. Es ist niemals vergeudete Zeit, wenn man Kinder über den Nährwert bestimmter Lebensmittel belehrt oder ihnen beim Einkaufen die auf den Verpackungen aufgeführten Bestandteile von Fertigprodukten und sogenanntem ›Junk Food‹ zeigt. Bleiben Sie konsequent, auch wenn Ihr Kind etwas Neues aus der Werbung ausprobieren möchte. Ja zu sagen ist nicht immer die beste Art, Zuneigung zu zeigen, und Ihr Kind wird es Ihnen später danken.

Küchengeräte

Die Qualität der Küchengeräte ist ebenso wichtig wie die Zutaten.

Verwenden Sie keine Kochtöpfe und Backformen aus Aluminium. Beim Erhitzen können sich Aluminiumsalze auflösen (besonders beim Kochen von Obst und Gemüse), die sich dann mit dem Kochgut vermischen. Aluminium greift in die Produktion der Magensäfte ein und verursacht Blähungen sowie andere unangenehme Beschwerden.

Vermeiden Sie auch Kochgeschirr aus Kupfer, denn es oxidiert (erkennbar an der grünen Farbe, die man oft bei Kupferpfannen sieht), was sehr schädlich sein kann. Oxidiertes Kupfer kann den Zinkvorrat des Organismus durcheinanderbringen, was sich sehr nachteilig auswirkt, wenn bereits ein Zinkmangel besteht. Benutzen Sie bevorzugt emaillierte Töpfe oder rostfreie Stahltöpfe, Porzellangeschirr, Tontöpfe (ideal zum Brotbacken) und Kochlöffel aus Holz.

Die wichtigsten Küchenkräuter

Verwandeln Sie Ihre Küche in eine Gesundheitsküche, und achten Sie immer darauf, daß ein Vorrat an Obst, Gemüse, Kräutern und Gewürzen vorhanden ist. Das Kochen mit Nahrungsmitteln, die reichhaltig sind an ätherischen Ölen, verleiht den Speisen nicht nur ein appetitanregendes Aroma und guten Geschmack, sondern auch therapeutische Eigenschaften. Die nachfolgende Auflistung ist nur eine kleine Auswahl von Kräutern, Gewürzen und aromatischen Substanzen, die Ihre Kochkunst bereichern und – Ihrer Gesundheit dienen.

Angelika

Der Name Angelika stammt aus einem französischen Märchen aus dem 10. Jahrhundert, in dem erzählt wird, wie sich der Erzengel Raffael einem Mönch offenbarte, ihm von der

Wirkung dieser aromatischen Pflanze erzählte und ihm riet, er möge sie als Mittel gegen die Pest einsetzen.

Die Pflanze wächst in nordeuropäischen Ländern, Rußland und Skandinavien, hat einen starken würzigen Geschmack und ein moschusartiges Aroma. Sie eignet sich hervorragend als allgemeines Stärkungsmittel, stimuliert das Gehirn, fördert aufgrund ihrer magenstärkenden Wirkung die Verdauung und ist appetitanregend.

Angelika kann auch zur Behandlung nervöser Depressionen sowie anderen nervlichen Störungen eingesetzt werden und stärkt die Atemorgane.

Basilikum

Das griechische Wort für Basilikum ist *okimon* und bedeutet ›schnell‹, weil die Pflanze so schnell wächst. Doch eine byzantinische Prinzessin, die seinen Duft und seine Schönheit schätzte, gab ihm den Namen ›basilikon‹. Die indischen Hindus glauben, daß Basilikum der Seele sowohl im Leben als auch im Tod Schutz bietet. Daher wurde es meist bei religiösen Zeremonien eingesetzt, um den Gott Wischnu zu preisen, oder bei Begräbnissen. Gegen Alpträume von giftigen Schlangen wurde der ganze Körper mit Basilikum eingerieben. In Ägypten wurde der aromatische Rauch von Basilikum den Göttern geopfert, und eine Mischung aus ätherischem Basilikumöl, Myrrhe und Weihrauch wurde zum Einbalsamieren verwendet.

Da es so viele verschiedene Arten der Basilikumpflanze gibt, sind ihre therapeutischen Eigenschaften sehr umstritten. Es ist vor allem für seine verdauungsfördernde sowie magen- und nervenstärkende Wirkung bekannt. Es bringt Erleichterung bei schmerzhafter Menstruationsblutung, Verdauungsstörungen, Schlaflosigkeit und Migräne. Bei geschwollenen

Brüsten während der Schwangerschaft helfen Kompressen, die in Rosenwasser und Basilikumtee getränkt wurden.

Getrocknetes Basilikum kann statt Tabak geraucht werden und hilft gegen asthmatische Beschwerden. Als Gewürz paßt Basilikum gut zu Salat. In einigen Teilen Frankreichs und Italiens werden zum Kochen nur die Blätter verwendet. Frisches Basilikum unterstreicht den Geschmack von Suppen und Ragout.

Bohnenkraut

Die Griechen schätzten die stark aphrodisierende Wirkung von Bohnenkraut. Seine wertvollen Eigenschaften wurden sogar von Virgil besungen. Im 17. und 18. Jahrhundert galt Bohnenkraut als Mittel zur Normalisierung der Menstruation und zur Stärkung des Magens. In Frankreich wurde es auch zur Steigerung der sexuellen Lust eingesetzt.

Beim Kochen eignet es sich als Zugabe von Gerichten, wie Bohnen, Erbsen und Linsen, denn es fördert die Aufnahme von Vitaminen und Mineralien und regt die Verdauung an. Bohnenkraut ist eines der besten Mittel gegen Blähungen nach dem Verzehr von Bohnen!

Bohnenkraut mit Salbei gemischt, verleiht Käse einen feinen, delikaten Geschmack.

Ein wirksames, aphrodisierendes Mittel kann man zubereiten, wenn man Bohnenkraut, Salbei und einige Pfefferkörner mit Wasser aufgießt (dieses Getränk enthält natürliche Hormone und übt eine belebende Wirkung auf die Geschlechtsdrüsen aus).

Wenn man Bohnenkraut mit Wacholderbeeren, gehackten Zwiebeln und Schalotten in Weinessig einlegt und 2 Wochen ziehen läßt, kann man daraus ein feines aromatisches Dressing für Salate zubereiten.

Estragon

Diese Pflanze stammt aus dem Süden Rußlands und verströmt, ähnlich wie Anis, einen starken, aromatischen Duft. Die indischen Maharadschas schätzten Estragon zur Zubereitung von Kräutertees. Es wirkt anregend, magenstärkend, harntreibend und leicht abführend. Estragon ist ein gutes Mittel zur Behandlung von Dysmenorrhöe und Darmparasiten.

Für die Zubereitung von hellen Saucen, z. B. Sauce Béarnaise, oder als Beilage zu rotem Fleisch und Huhn ist Estragon ebenso geeignet wie zum Würzen von Salaten. Verwenden Sie Estragon statt Salz, wenn Sie an Herzproblemen oder Fettleibigkeit leiden. Ein Tee aus 2 Eßlöffeln gehacktem Estragon und 1 Liter Wasser ist ein hervorragendes harntreibendes Mittel.

Fenchel

Fenchel ist eine sehr dekorative und aromatische Pflanze, galt lange Zeit als stark harntreibendes Mittel und wurde zu diesem Zweck bei der Herstellung von Wein, Likör oder Essig verwendet. Des weiteren hat sich Fenchel bei Magenbeschwerden bewährt. Er regt die Produktion von Muttermilch nach der Geburt an und ist ein mildes Abführmittel. Außerdem ist Fenchel ein gutes Heilmittel gegen Blasenentzündung und Asthma. Mit Bordeauxwein eingenommen wirkt Fenchel hustenstillend.

Bei juckenden und entzündeten Augen als Folge einer Infektion eignet sich eine Lösung aus 1 Teelöffel Fenchelkräutern auf 500 ml Wasser. Fenchelsamen eignen sich als Gewürz von Essig-Gurken, Käse und gedämpftem Gemüse. Servieren Sie eine helle Sauce mit gehackten Fenchelkräutern und frischer Petersilie zu Spargel.

Gewürznelke

Die Gewürznelke wurde von den Arabern entdeckt, als sie die Molukka-Inseln vor der Küste Afrikas bereisten. Sie wurde dann nach Malaysien, Sri Lanka und auf die Seychellen gebracht. In China war es Sitte – zum Zeichen des Respekts vor dem Kaiser –, Gewürznelken zur Reinigung des Atems zu kauen.

Die Gewürznelke ist eines der wirksamsten antiseptischen Mittel und eignet sich zur Behandlung von Infektionskrankheiten, wie Grippe und Erkältung und hilft bei Rheumatismus. Um die Schmerzen zu lindern, sollten Frauen bei der Geburt Wein mit Gewürznelken trinken.

Ingwer

Die scharfen, würzigen Wurzeln kommen aus Indien und Malaysien, der Name stammt von dem sanskritischen Wort *zingiber*. Ingwer wurde schon immer geschätzt wegen seiner verdauungsfördernden Wirkung und eignet sich sehr gut zur Behandlung von Magenbeschwerden, nervöser Magenverstimmung und Reisekrankheit. Besonders für ältere Menschen ist Ingwer ein wirksames Aphrodisiakum, denn er besitzt eine stärkere aphrodisierende Wirkung als Pfeffer. Rheumapatienten hilft ein Tee aus einer Ingwerwurzel, einem Zweig Majoran und einem Zweig Rosmarin, die man in 500 ml Wasser kocht. Wem dieser Tee allerdings zu bitter ist, der kann die Kräutermenge – besonders den Majoran – auch reduzieren.

Ingwer unterstützt den Geschmack von Marmelade und verbessert den Geschmack von Speiseeis, vor allem Vanilleeis. Im Winter sollte man viel mit Ingwer würzen, weil er Wärme spendet.

Kerbel

Kerbel war bei den Griechen als *peoderos* bekannt, was soviel wie ›Kinder der Liebe‹ bedeutet. Sein gegenwärtiger, weniger romantischer Name wurde später von einem Botaniker ausgewählt. In Europa gibt es heute fünfzehn verschiedene Kerbelarten. Aufgrund seiner harntreibenden Wirkung eignet sich Kerbel zur Behandlung von Harnwegserkrankungen wie Nierensteine und Blasenentzündung. Er hilft bei schlechter Durchblutung und damit verbundenen Beschwerden, wie Hämorrhoiden, Venenleiden und Zellulitis. Auch bei zu hohem Blutdruck hat sich die Pflanze bewährt.

Bei Nierensteinen und Blasenentzündung hilft oft eine Tomatensuppe mit Kerbel, wobei sich die Wirkung unter Beigabe von Sellerie noch verstärkt.

Bei Wasseransammlungen vor Eintritt der Regelblutung bereitet man einen Tee aus 20 g Kopfsalat, 10 g Kerbel und 500 ml Wasser.

Verwenden Sie Kerbelsamen und frische Kerbelblätter bei der Zubereitung von Salaten, Omelette, Suppen und Eintopfgerichten oder in frischer, selbstgemachter Mayonnaise.

Knoblauch

Knoblauch besitzt wie Zwiebeln eine starke antibiotische Wirkung. Er dient nicht nur zur Vorbeugung von Erkältungs- und Viruserkrankungen, sondern bekämpft sie auch sehr wirksam und beschleunigt die Genesung. Knoblauch ist eine empfehlenswerte Jodquelle und trägt zur Normalisierung einer Unterfunktion der Schilddrüse bei. Auch bei der Behandlung von schlechter Durchblutung und Gewichtsproblemen hat sich die Pflanze bewährt. Meine Großmutter verabreichte uns Kindern Knoblauchzehen als Zäpfchen, wenn wir an Husten oder Erkältung litten. Außerdem hilft er bei hohem Blutdruck und Rheuma. Die Wirkung von Knoblauch ist am besten, wenn man ihn roh verwendet, z. B. fein geschnittenen in gedämpftem Gemüse. Legen Sie eine Knoblauchzehe in 150 ml kaltgepreßtes Olivenöl ein und verwenden Sie das aromatische Öl bei der Zubereitung von Salatsaucen und zum Braten. Wer den unangenehmen Geruch von Knoblauch fürchtet, sollte nach dem Verzehr frische Petersilie oder Kaffeebohnen kauen.

Koriander

Koriander stammt aus dem Osten und wurde später nach Nordafrika, Ägypten und Griechenland importiert. Heute blüht der Handel mit Korianderblättern und -samen vor allem in Frankreich und Marokko.

Die alten Ägypter tauchten Koriandersamen in Wein, denn sie glaubten an seine glücksspendende und schlaffördernde Wirkung. In Indien wird Koriander auch heute noch häufig bei der Zubereitung von Curry-Gerichten verwendet, damit das Fleisch länger haltbar bleibt.

Koriander stärkt den Magen und reinigt den Atem. Er lindert Kopfschmerzen und hilft – in geringer Dosierung – gegen Depressionen. Koriander ist appetitanregend und fördert die Verdauung, vor allem nach dem Verzehr schwerverdaulicher Speisen wie Kohlgerichten.

Koriandersamen eignen sich als Essig-Gewürz und verwandeln Champignons in eine Delikatesse.

Kümmel

Kümmelsamen besitzen ein ähnliches Aroma wie Fenchel – feurig und würzig. Die alten Ägypter würzten Brot, Suppen und Knoblauchgerichte mit Kümmel, um die Verdauung zu fördern. Ferner besitzt Kümmel krampflösende Eigenschaften (zur Lockerung von Muskelverspannungen), ist gut gegen Verdauungsstörungen und hilft gegen Blähungen. Bei Magenverstimmung bereitet man einen Tee aus $\frac{1}{2}$ Teelöffel Kümmelsamen und 300 ml kochendem Wasser.

In Frankreich wird Kümmel oft bei der Zubereitung von Käse und Schweinefleisch verwendet, um die Verdauung zu fördern. Auch Vollkornbrot wird leichter verdaulich, wenn man es mit einer Mischung aus Kümmelsamen, Fenchel, Anissamen und Butter bestreicht.

Lorbeerblätter

Lorbeer gehört derselben pflanzlichen Gattung an wie Zimt und Kampfer. Das ätherische Öl der Blätter und Beeren eignet sich gut zur Behandlung von Verdauungsstörungen, Blähungen, Appetitlosigkeit (besonders Magersucht), Ausbleiben der Regelblutung, Bronchitis und Mandelentzündung. Lorbeerblätter haben sich als Heilmittel gegen Erkältung und fieberhafte Virusinfektionen bewährt, denn sie regen zum Schwitzen an.

Bei Grippe kocht man 20 g Lorbeerblätter und einige Beeren in 500 ml Wasser und trinkt von dem Tee täglich 2 bis 3 Tassen. Bei Infektionen sollten Sie einige Blätter kochen und die Dämpfe inhalieren.

Bei Verdauungsstörungen gibt man 2 Lorbeerblätter und die Schale $\frac{1}{2}$ Orange (unbehandelt) in 200 ml kochendes Wasser und läßt das Ganze 15 Minuten ziehen. Dieser Tee hat sich auch bei Grippe gut bewährt.

Machen Sie eine Marinade aus Lorbeerblättern, Weißwein, Schalotten, Knoblauch, Pfeffer und Gewürznelken und lassen Sie Fleisch vor dem Kochen 3 – 4 Stunden darin ziehen.

Majoran und Oregano

Diese beiden Kräuter sind identisch. Doch während Majoran angebaut wird, handelt es sich bei Oregano um eine wildwachsende Pflanze, die man vorwiegend im Gebirge findet. Majoran galt bei den alten Ägyptern als heilig und wurde dem Gott Osiris geopfert. In Indien glaubte man damit die Götter Schiwa und Wischnu zu erfreuen. Eine Legende aus der griechischen Mythologie erzählt, daß die Göttin Aphrodite Majoran anwandte, um die Wunden ihres Sohnes Aeneas zu heilen. Beide Pflanzen wirken magenstärkend, schleimlösend und schmerzstillend und helfen gegen Schlaflosigkeit, Migräne, Dysmenorrhöe und Durchfall. Als Gewürz verbessern sie den Geschmack von Fleisch und fördern die Aufnahme von Mineralien. Besonders gut geeignet sind sie zur Herstellung einer Marinade für Schweinefleisch. Für 450 g Fleisch nimmt man 400 ml Weißwein, 4 Zweige Majoran oder Oregano und die geriebene Schale einer Orange. Verwenden Sie die Kräuter auch zum Würzen von Eintopfgerichten, Hackfleisch, gefüllten Tomaten, Erbsen, Bohnen und Salaten. Geben Sie die Kräuter auch zu Kohl, Rosenkohl und Steckrüben, um die Verdauung zu fördern und gegen Blähungen vorzubeugen, die nach dem Verzehr dieser Gemüsesorten häufig auftreten. Majoran und Oregano dämpfen auch das Aroma von überreifem Käse und machen ihn leichter verdaulich.

Minze

Minze ist eine bekannte Heilpflanze. Man findet sie in großen Mengen in England, in den Bergen der Provence und in der Gegend von Paris. Der Name der Pflanze stammt von dem lateinischen Wort *mente*, das soviel bedeutet wie ›Gedanke‹, da sie die Gehirntätigkeit anregt.

Die Griechen setzten Minze ein, um die Menstruation zu verhindern. Minze ist gut für die Stimme und eignet sich daher für Sänger. Das Kraut unterstützt die Heilung von Geschwüren, wirkt appetitanregend, nervenstärkend, schleimlösend und hilft gegen Schlaflosigkeit sowie Verdauungsstörungen.

Bei Husten und Erkältung sollte ein Pfefferminztee aus 75 g Minzeblättern und 1 Liter Wasser getrunken werden. Bei Katarrh wird die Wirkung durch den Zusatz von Eukalyptus unterstützt.

Petersilie

Der Name Petersilie kommt von dem griechischen Wort *petroselinuon,* das soviel bedeutet wie ›pflanzenlösende Steine‹. Wie Kerbel besitzt es eine wirksame Heilkraft für Nieren- und Blasenleiden. Petersilie eignet sich zur Behandlung von Lebererkrankungen, wie Gallenkolik und Gelbsucht, sowie menstrueller Beschwerden, wie Dysmenorrhöe, Amenorrhöe und prämenstruellen Wasseransammlungen. Ein Tee aus reinem Petersilienextrakt hilft bei Bienenstichen und blauen Flecken.

Ein Getränk gegen Mandelentzündung kann man herstellen, indem man 50 g Petersilie in 500 ml Wasser kocht und mit Honig süßt.

Zu Fisch paßt eine Sauce aus Zitrone und Petersilie, denn beide Pflanzen fördern die Verdauung von Eiweiß. Das delikate Aroma der Petersilie verbessert auch den Geschmack von weißem Fleisch, und in Verbindung mit Omelette regt es die Leberfunktion an.

Petersilie ist eine hervorragende Quelle für Vitamin C. Man sollte sie das ganze Jahr über bei der Zubereitung von Suppen, Salaten, Bohnen- und Linsengerichten verwenden.

Pfeffer

Pfeffer galt schon immer als sehr kostbares Gewürz. Sein Name stammt von dem sanskritischen Wort *pippali,* wogegen die Griechen ihn *pepperi* nannten. Man schätzte ihn vor allem wegen seiner aphrodisierenden Wirkung. Die Franzosen verehren Pfeffer und verwenden vor allem ganze Pfefferkörner bei der Zubereitung von Fleischgerichten wie Pfeffersteak. Wenn man Pfeffer mit Ingwer, Ysop und Thymian mischt, wird seine Wirkung noch erhöht und regt die sexuelle Lust an. Das Gewürz wirkt auch anregend auf die Bildung von Speichel, Magensäften und Sekreten der Bauchspeicheldrüse und fördert die Verdauung, vor allem von Fett. Des weiteren wird Pfeffer wegen seiner fäulnishemmenden Wirkung geschätzt und eignet sich daher gut für die Zubereitung von Fleischgerichten. Athleten verwenden Pfeffer gern aufgrund seiner muskelstärkenden Wirkung.

Rosmarin

Rosmarin ist die bekannteste und aromatischste Kräuterpflanze. Bei den Griechen und Römern symbolisierte sie die Liebe und den Tod und wurde bei religiösen Zeremonien verwendet. Auch die alten Ägypter wußten Rosmarin zu schätzen. Bei Ausgrabungen von Pharaonengräbern hat man Rückstände der Pflanze gefunden.

Das Wort Rosmarin stammt aus dem Lateinischen *rosmarinus* und bedeutet ›Rose der See‹, denn er wächst entlang der Küste fast aller Mittelmeerländer.

Seine Wirkung ist stark antiseptisch, anregend und harntreibend. Gegen rheumatische Beschwerden fügt man 50 g Rosmarin in 1 Liter trockenen Weißwein und läßt die Mischung 4 Wochen durchziehen. Danach trinkt man den leicht erwärmten Wein mit Honig. Auch Frauen, die an Ödemen leiden, sollten von der heilsamen Kraft dieses Getränks profitieren.

Legen Sie einen Rosmarinzweig über Nacht in Rotwein ein, um sein Aroma zu verbessern und das Bouquet zu erhöhen. Aufgrund seiner antibakteriellen Eigenschaften paßt Rosmarin gut zu leicht verderblichem Geflügel-, Hasen- und Lammfleisch und fördert die Verdauung von Fett.

In Italien wird Rosmarin oft bei der Zubereitung von Reisgerichten verwendet, wogegen er in Frankreich zum Würzen von Schinken dient.

Salbei

Seit dem Altertum gilt Salbei als heilige Pflanze. Der Name stammt von dem lateinischen Verb *salvere,* ›retten‹, da sich Salbei für die Behandlung fast jeden Leidens eignet. In Ägypten wurde es Frauen verabreicht, die keine Kinder bekommen konnten, und wurde zur Bekämpfung der Pest eingesetzt. Der Schriftsteller Saint-Simon, der mit den Vorgängen am französischen Hof vertraut war, erzählte, daß Louis XIV. jeden Abend vor dem Schlafengehen Salbeitee trank. Offensichtlich verdankte er dieser Gewohnheit seine Gesundheit und sein langes Leben. Die Chinesen schätzten Salbei so sehr, daß sie 4,5 kg chinesischen Tee gegen 450 g Salbeiblätter eintauschten.

Salbei ist bekannt für seine heilende Kraft bei Menstruationsbeschwerden. Doch auch bei rheumatischen Beschwerden, Katarrh, Blutungen und übermäßigem Schwitzen bringt er Linderung und wird besonders Genesenden empfohlen. Salbei ist ein ausgezeichnetes Gewürz für Fleischgerichte wie Lamm- und Schweinefleisch und paßt auch sehr gut zu Knoblauch und Zwiebeln. Für die Zubereitung eines Kräutertees, der bei fast allen Beschwerden hilft, läßt man 2 Eßlöffel Salbeiblätter in 1 Liter Wasser ziehen.

Salz

Salz ist zwar keine aromatische Pflanze, aber ein ausgezeichnetes Gewürz. Der griechische Schriftsteller Plutarch pries es sogar als das feinste aller Gewürze. Indem es den Speichelfluß anregt, wirkt Salz verdauungsfördernd. Kaufen Sie nur natürliches Meersalz und verwenden Sie es immer in Maßen, denn es bindet Wasser im Gewebe. Bei Ödemen, hohem Blutdruck oder Fettleibigkeit sollte Salz lieber durch Kräuter ersetzt werden.

Thymian

Thymian wächst im Süden Frankreichs und in vielen anderen Mittelmeerländern. Im alten Ägypten wurden die ätherischen Öle des Thymian mit balsamierenden Fluids gemischt. Die Griechen nannten ihn *thumos*, was ›Geruch‹ bedeutet. Sie tranken nach jedem Festessen Thymiantee. Die Pflanze besitzt belebende, anregende, bronchienstärkende Eigenschaften und eignet sich zur Behandlung von Asthma, Grippe, Husten, Fieber, Nervosität und starken Schmerzen.

Bei Magenschleimhautentzündung sollte man einen Tee trinken, der aus 2 Teelöffeln Thymian und etwas Minze in 1 Liter Wasser gekocht wird. Bei Schwellungen in Verbindung mit Ödemen oder Rheuma kann Thymiantee äußerlich angewendet werden. Thymian bindet das in Fleischgerichten enthaltene Eisen und regt die Verdauung an. Bereiten Sie eine Marinade für Fisch und Fleisch aus 1 Eßlöffel Thymian, ½ Eßlöffel Bohnenkraut, 4 Knoblauchzehen, 4 Schalotten, 2 Lorbeerblättern, 4 Gewürznelken, 10 schwarzen Pfefferkörnern und 1 Liter Weißwein. Thymian fördert zudem die Verdauung von Kartoffeln, Bohnen und Linsen und ist ein gutes Eintopf- und Suppengewürz.

Vanille

Als Cortez im 16. Jahrhundert nach Mexiko reiste, entdeckte er, daß die Azteken Vanille zum Würzen eines heißen Schokoladengetränks benutzten, das sie nach den Mahlzeiten tranken.

Die Vanille besitzt aufgrund ihrer antiseptischen, verdauungsfördernden und anregenden Wirkung eine Vielfalt therapeutischer Eigenschaften.

Im Paris des 18. Jahrhunderts wurde Vanille in unterschiedlichen Konzentrationen mit Schokolade gemischt und in Apotheken als magen- und bronchienstärkendes Mittel angeboten. Im 19. Jahrhundert wurde Vanille jungen Mädchen verabreicht, die unter Melancholie litten.

Vanille eignet sich aufgrund ihrer verdauungsfördernden Wirkung sehr gut für die Zubereitung von Desserts, wie Eis, Soufflé und frischem Obstsalat.

Wacholder

Sowohl die Beeren als auch die Blätter dieser Pflanze verströmen einen starken aromatischen Duft. In früheren Zeiten wurden sie bei religiösen Zeremonien verbrannt, um die Luft zu reinigen und die Pest fernzuhalten. Die Beeren sind bekannt wegen ihrer anregenden, magenstärkenden, harntreibenden und blutreinigenden Wirkung. Sie werden zur Behandlung von Arthritis, Rheumatismus und Gelbsucht eingesetzt. Gemahlene Wacholderbeeren eignen sich zum Würzen von Speisen und sind eine gute Ergänzung zu Pfeffer.

Man verwendet Sie auch oft bei der Zubereitung von Sauer-
kraut zusammen mit Kümmelsamen. Wacholderbeeren passen gut zu Wildgerichten und sind häufig in Wein und Likör
(Chartreuse) enthalten.

Zimt

In der frühen chinesischen Medizin galt Zimt als wahres
Wundermittel, und etwa um 2700 v. Chr. durfte Zimt bei kei-
nem Rezept fehlen. Zimt ist eines der ältesten Gewürze und
wurde nicht nur in China verwendet. Auch die Römer und
Griechen würzten ihren Wein und das Fleisch damit.

Ursprünglich kommt das Gewürz aus Malaysien und Sri
Lanka. Es hat ein charakteristisches, würziges Aroma und
erinnert im Geschmack an Pfeffer. Zimt ist ein gutes Heilmittel bei der Behandlung von Erkältungen (s. 5. Kapitel) und
hilft auch gegen Müdigkeit und Erschöpfungszustände.

Zitrone

Halten Sie sich immer einen guten Vorrat an Zitronen. Sie
sind nicht nur ausgesprochen nahrhaft und Vitamin-C-haltig,
sondern eignen sich auch gut zur Erste-Hilfe-Behandlung. Bei
Schnittwunden beispielsweise dient Zitronensaft zur Desin-
fektion – auch wenn es brennt. Reiben Sie Zitronensaft auf
Mückenstiche und Flohbisse, um die Entzündung zu lindern,
und massieren Sie die Füße damit, wenn Sie oder Ihre Kinder
im Winter an Frostbeulen leiden. Bevor man Fleisch oder
Fisch zubereitet, sollte man die Hände mit Zitronensaft einreiben, um sie zu reinigen und zu desinfizieren. Anschließend hilft Zitronensaft lästige Gerüche von der Haut zu entfernen. Zitronen besitzen eine hervorragende antiseptische
Wirkung und helfen innerlich angewendet gegen Husten

und Erkältungen. Eines der besten Mittel gegen Halsentzündung und Mundgeschwüre besteht darin, mit Zitronensaft zu gurgeln.

Gegen Würmer hilft ein abführendes Getränk aus den Schalen von 3 Zitronen, die man in 500 ml Wasser kocht und morgens auf nüchternen Magen trinkt.

Zudem wirken Zitronen blutreinigend und durchblutungsfördernd. Gegen Zellulitis, Hautprobleme, Venenleiden und Rheuma hilft mit Wasser oder Tee verdünnter Zitronensaft. Verwenden Sie Zitronensaft so oft wie möglich beim Kochen.

Zwiebel

Die Zwiebel besitzt antibakterielle Eigenschaften, und man sollte sie täglich verwenden, um Erkältungs- und Infektionskrankheiten vorzubeugen. Sie ist bekannt für ihre Fähigkeit, Drüsenstörungen auszugleichen und wird daher oft bei Gewichtsproblemen empfohlen.

Das enthaltene Mineral Sulfor trägt zur Verbesserung der Haut bei, während Silizium die Knochen stärkt und die Durchblutung anregt. Die Zwiebel eignet sich hervorragend zur Blutreinigung und hilft sogenannte Lymphstauungen zu beseitigen, die oft für die Bildung von Ödemen und geschwollener Haut verantwortlich sind.

Am besten ist es, wenn man Zwiebeln roh verwendet, da beim Kochen meist die therapeutischen Fähigkeiten verlorengehen. Bei Verdauungsstörungen läßt man fein gehackte Zwiebeln eine halbe Stunde lang in etwas Olivenöl ziehen, damit sich das Aroma der ätherischen Öle voll entfalten kann, und verwendet das Öl für die Zubereitung von Salatsaucen. Wenn man sich einmal an den Geschmack der Zwiebel gewöhnt hat, kann man sie roh und feingehackt unter Suppen und gedämpftes Gemüse mischen.

Aromatische Rezepte

Obwohl es eine Vielfalt guter Kochbücher gibt, finde ich die darin enthaltenen Rezepte meist sehr schwer nachzukochen. Der Grund ist, daß ich keinen Sinn darin sehe, soviel verschiedene Zutaten miteinander zusammen zu verarbeiten. Es wird viel zu wenig berücksichtigt, daß sich verschiedene Nahrungsmittel oft nicht vertragen.

Gutes Essen sollte zwar Vergnügen bereiten, doch es sollte in seiner Zusammensetzung immer einfach und leicht sein. Nach dem Essen sollte man nicht nur satt sein, sondern auch noch einen klaren Kopf haben und sich gestärkt sowie schwungvoll fühlen. Versuchen Sie immer die besten Zutaten zu verwenden – kaltgepreßtes Olivenöl, die besten und frischsten Gemüsesorten, freilebende Hühner usw. –, denn diese Nahrungsmittel sind die geschmackvollsten und gesündesten, wenn sie auch teuer sind. Die folgenden Rezepte sind durch den Zusatz von Gewürzen und Kräutern nicht nur schmackhaft, sondern werden Ihnen auch guttun!

Zwiebel-Suppe

Für 4 Personen

450 g Zwiebeln
etwas Olivenöl
1 Eßlöffel Roggenmehl
1 Liter Wasser
1 Lorbeerblatt
1 Prise Thymian
Salz und Pfeffer
2 Scheiben Vollkornbrot
100 g geriebener Käse (Cheddar, Gruyère oder Emmentaler)
1 Teelöffel geriebene Muskatnuß

Schälen Sie die Zwiebeln und rösten Sie sie in Olivenöl gold-braun. Fügen Sie das Roggenmehl hinzu und rühren Sie lang-sam das Wasser unter. Würzen Sie mit Lorbeer, Thymian und etwas Salz und Pfeffer und lassen Sie die Suppe 20 – 30 Minu-ten köcheln.

Toasten Sie inzwischen das Brot und schneiden Sie es in Würfel. Geben Sie die Brotwürfel in Suppenteller und gießen Sie mit der Suppe auf.

Bestreuen Sie anschließend die Suppe mit geriebenem Käse und einer Prise Muskatnuß und überbacken Sie die Suppe vor dem Servieren noch so lange im Backrohr, bis der Käse geschmolzen ist.

Ich erinnere mich, daß unser Hausmädchen in meiner Kind-heit diese Zwiebelsuppe kochte, wenn wir von Hochzeiten oder anderen Feierlichkeiten – wo üppige Menüs serviert wurden – nach Hause kamen. Sie ist ein hervorragendes Mittel gegen Völlegefühl, eine ideale Wintermahlzeit und ein linderndes Mittel bei Erkältung und Grippe. Zwiebelsuppe hilft bei Hautproblemen, Schlaflosigkeit, Zellulitis, Fettleibig-keit oder Kreislaufproblemen.

Knoblauch-Suppe mit Salbei

Für 4 – 6 Personen

6 große Knoblauchzehen
1,5 Liter Wasser
100 g Fadennudeln, Hirse oder Roggengrieß
Salz und Pfeffer
4 – 5 Salbeiblätter
2 Teelöffel Olivenöl
50 g geriebener Parmesankäse

Geben Sie die ganzen Knoblauchzehen mit Wasser in einen Topf zum Kochen. Lassen Sie es 20 – 25 Minuten köcheln und geben Sie dann die Fadennudeln, Hirse oder den Grieß dazu. Lassen Sie das Ganze weitere 10 Minuten kochen und fügen Sie dann die Salbeiblätter hinzu.

Entfernen Sie die Knoblauchzehen und zerdrücken Sie sie mit dem Olivenöl zu einer Paste. Nehmen Sie die Suppe vom Feuer und rühren Sie die Knoblauchpaste langsam unter. Servieren Sie die heiße Suppe mit Käse bestreut.

Diese Suppe ist gut gegen Arthritis, Rheuma und prämenstruelle Beschwerden. Man sollte sie auch während der Schwangerschaft essen. In den ersten Schwangerschaftsmonaten wirkt sie verdauungsfördernd und hilft gegen Übelkeit.

Vichy-Karotten

Für 2 – 3 Personen

1½ Eßlöffel Olivenöl
1 Zwiebel, fein gehackt
6 große Karotten, dünn geschnitten
Kardamom
1 Lorbeerblatt
1 Zweig frischer Thymian (oder 1 Prise getrockneter)
Meersalz
150 ml Wasser
1 Knoblauchzehe
Petersilie und/oder Sahne

Erhitzen Sie das Öl in einem Topf und rösten Sie die gehackte Zwiebel und die Karottenscheibchen mit dem Kardamon goldbraun an. Fügen Sie das Lorbeerblatt, den Thymian,

Meersalz und Pfeffer dazu. Kochen Sie das Ganze unter sehr geringer Hitzezufuhr 15 – 20 Minuten. Geben Sie nach der halben Kochzeit den zerdrückten Knoblauch zu.

Richten Sie das Gemüse mit gehackter Petersilie auf Tellern an. Sie können auch etwas Sahne dazugeben.

Dieses Gemüsegericht ist reich an Vitamin A und eignet sich sehr gut für die Wintermonate, wenn eine erhöhte Infektionsgefahr droht. Es ist besonders gut bei Leberbeschwerden (ohne Sahne), Durchfall, Verstopfung, Anämie und Rheuma.

Gewürzte Linsen

Für 4 Personen

700 g Linsen
(über Nacht in Wasser eingeweicht und dann weichgekocht)
das Kochwasser der Linsen
1 Zwiebel, fein gehackt
1 Knoblauchzehe, fein gehackt
5 Eßlöffel Olivenöl
1 Eßlöffel Koriandersamen
½ Teelöffel Kümmelsamen
½ Teelöffel Senf
½ Teelöffel frisch gemahlener schwarzer Pfeffer
Thymian und Salbei
Salz

Rösten Sie die Zwiebel und den Knoblauch in Olivenöl an und geben Sie die Kräuter und Gewürze dazu. Rühren Sie die Linsen und das Kochwasser unter. Schmecken Sie mit Salz ab. Lassen Sie das Ganze 12 – 15 Minuten köcheln. Servieren Sie das Gericht mit Petersilie, Kerbel oder Estragon.

Diese Mahlzeit ist ein gutes Wintergericht und paßt zu Fleisch (besonders Schinken) oder Kartoffeln. Im Sommer paßt es gut zu neuen Kartoffeln oder Salat. Wenn es ohne Fleisch serviert wird – in Linsen ist viel Eiweiß enthalten –, können Sie mehr Zwiebeln verwenden – wie es die alten Ägypter taten! Das Gericht ist sehr nahrhaft und enthält viele Vitamine und Mineralien. Es eignet sich für Kinder, schwangere Frauen, ältere Leute, Sportler und bei Konzentrationsschwäche!

Pilze mit Oregano

Für 2 Personen als Hauptgericht,
für 2 – 3 Personen als Vorspeise

700 g Pilze
Saft einer Zitrone
1 Knoblauchzehe, gepreßt
Oregano- und/oder Koriandersamen
Olivenöl
frische Petersilie und Kerbel

Schneiden Sie die Pilze in feine Scheiben und übergießen Sie sie mit Zitronensaft, damit sie nicht braun werden. Dünsten Sie die Pilze in einer Pfanne ohne Zusatz. Fügen Sie dann Knoblauch, Oregano und Olivenöl dazu (nach Bedarf auch zerkleinerte Nieren).

Servieren Sie die Pilze auf warmem Toast mit frischer, gehackter Petersilie oder Kerbel bestreut.

Pilze sind eine gute Eiweißquelle, und man kann sie auch jederzeit allein ohne Fleisch essen (besonders gut schmecken sie zu Nieren).

Oregano und Koriander sind deshalb wichtig, weil sie die Verdauung einer Substanz anregen, die Chitin heißt und in den Zellwänden von Pilzen vorkommt.

Gebackene Kartoffeln mit Knoblauch

1 mittelgroße Kartoffel pro Person
1 Knoblauchzehe pro Person
Rosmarin
Olivenöl
Meersalz

Die Kartoffeln werden gewaschen und der Länge nach gedrittelt. Legen Sie eine Schüssel damit aus und bedecken Sie die Kartoffeln mit fein geschnittenem Knoblauch, Rosmarin, einem Schuß Olivenöl und einer Prise Meersalz. Im vorgeheizten Ofen werden sie bei 180°C/Gas 4 etwa 15 Minuten gebacken. Backen Sie die Kartoffeln anschließend bei 150°C/Gas 2 weitere 15–20 Minuten goldbraun. Servieren Sie die Kartoffeln zu Salat.

Diese Mahlzeit eignet sich besonders für die Wintermonate, da Knoblauch und Rosmarin vorbeugend gegen Erkältungskrankheiten und Grippe wirken. Beide Pflanzen fördern zudem die Verdauung. Mit Knoblauch-Kartoffeln kann man auch Kindern Knoblauch geben, ohne daß sie denken, es wäre Medizin!

Toskanisches Knoblauchbrot

1 Scheibe Roggenbrot pro Person
einige Knoblauchzehen
kaltgepreßtes Olivenöl

Toasten Sie das Brot 5 – 10 Minuten im vorgeheizten Back-ofen bei etwa 180°C / Gas 4. Reiben Sie die heißen Brotschei-ben mit je einer Knoblauchzehe ein (nach Wunsch auch mit einer reifen Tomate). Der Knoblauch zieht vollkommen in das Brot ein. Träufeln Sie vor dem Servieren etwas Olivenöl über das Brot und servieren Sie es zu Rohkostsalat.

Knoblauchbrot ist gut geeignet für Kinder, die oft krank sind, denn der Knoblauch mobilisiert die Abwehrkräfte. Auch ist es schmackhafter, als eine Knoblauchpille zu schlucken.

Tomatensauce mit Basilikum

900 g Tomaten
2 mittelgroße Zwiebeln, feingeschnitten
Olivenöl
3 Knoblauchzehen
Basilikum, Lorbeerblatt, Koriander,
viel frische Petersilie
300 ml Wasser

Die Tomaten werden in Würfel geschnitten und zusammen mit den Zwiebeln in Olivenöl gedünstet. Dabei werden die Kräuter zugegeben. Bewahren Sie die Sauce im Kühlschrank auf und verwenden Sie sie statt Tomatenketchup. Sie paßt gut zu Nudeln, Reis oder Kabeljausteak.

Diese Sauce hilft gegen prämenstruelle Beschwerden oder nervöse Kopfschmerzen und Migräne. Tomaten mit Basili-kum fördern die Verdauung der in Nudeln enthaltenen Koh-lehydrate, die Blähungen verursachen können. Die Italiener wissen dies offensichtlich zu schätzen, oder haben Sie schon einmal Pizza ohne Tomaten gesehen?

Naturmayonnaise

Ergibt etwa 150 ml

1 Knoblauchzehe
1 Teelöffel Senf
1 Eigelb
1 Teelöffel Apfelessig oder Zitronensaft
150 ml Olivenöl
Kräuter und Gewürze nach Wahl

Vermischen Sie den zerdrückten Knoblauch mit Senf, Eigelb und etwas Essig oder Zitronensaft. Schlagen Sie langsam das Olivenöl unter – zuerst nur tropfenweise. Wenn die Mayonnaise fest wird, rühren Sie den restlichen Essig bzw. Zitronensaft unter.

Schlagen Sie so lange Öl unter die Mayonnaise, bis sie die gewünschte Konsistenz hat. Würzen Sie mit Paprika, Basilikum, Petersilie oder Estragon, je nachdem wozu Sie die Mayonnaise servieren. Paprika paßt am besten zu weißem Fleisch, während Estragon und Basilikum zu rohem Gemüse sehr gut schmecken.

Durch den Knoblauch wird die Mayonnaise besser fest. Mischen Sie je nach den persönlichen Beschwerden die entsprechenden Kräuter und Gewürze unter die Mayonnaise.

Hüttenkäse

1 Liter Milch
Saft einer Zitrone
4 – 5 Knoblauchzehen
Basilikum oder Schnittlauch
Paprika

Bringen Sie die Milch zum Kochen und mischen Sie unter ständigem Rühren den Zitronensaft unter. Geben Sie die Milch, sobald sie geronnen ist, in ein mit Musselin ausgelegtes Sieb, das Sie über einen Topf hängen. Decken Sie einen Teller darüber und warten Sie, bis alle Flüssigkeit abgetropft ist. Am nächsten Tag geben Sie den gepreßten Knoblauch, fein gehackten Schnittlauch oder Basilikum zu dem Käse und bestreuen ihn mit etwas Käse.

Dieser Käse ist ein ausgezeichnetes Sommeressen und paßt sehr gut zu frischem, grünen Salat oder zu Roggenbrot. Der Käse ist reines Eiweiß mit viel Kalzium und ersetzt Fleisch. Mit verschiedenen Kräutern können Sie dem Käse unterschiedliche therapeutische Eigenschaften verleihen. Sie sollten sie Ihren persönlichen Bedürfnissen entsprechend verwenden.

Fleisch und Innereien

Heutzutage bekommen die meisten Rinder, Schafe, Schweine und Hühner Antibiotika, um sie vor Infektionen zu schützen und Hormone, um ihr Gewicht zu erhöhen. All diese chemischen Substanzen nehmen wir automatisch zu uns, wenn wir Fleisch essen. Aus diesem Grund sollte Fleisch nur in geringen Mengen und nicht zu oft verzehrt werden.

Kochen Sie Fleisch immer mit aromatischen Pflanzen, denn es beginnt sich zu zersetzen, sobald das Tier geschlachtet wurde, und kann schädliche, giftige Bakterien enthalten. Hühner z. B. sind oft schuld an Lebensmittelvergiftungen. Der Zersetzungsprozeß kann durch Kräuter und Gewürze verlangsamt werden, denn sie hemmen das Wachstum von Bakterien. Entfernen Sie vor dem Kochen vom Fleisch alles Fett, denn es ist ungesund und enthält die meisten Hormone.

Außerdem wird Fleisch leichter verdaulich, wenn es mit aromatischen Substanzen zubereitet wird. Aus diesem Grund wird Lammfleisch mit einer traditionellen Pfefferminz-Sauce serviert und zu Schweinefleisch wird oft eine Apfelsauce mit Zwiebeln gereicht. In Frankreich wird Schweinefleisch mit Rosmarin und Knoblauch zubereitet, und im Anschluß daran wird ein Apfeldessert oder Calvados (Apfelschnaps) serviert. Billiges Fleisch sollte möglichst mit Gemüse und vielen Kräutern zubereitet werden.

Leber und Nieren sind Ausscheidungsorgane und enthalten Giftstoffe, die auf zwei Arten schadlos gemacht werden können. Schneiden Sie die Innereien in dünne Scheiben und legen Sie sie mindestens eine Stunde in Milch und Thymian. Reiben Sie das Fleisch vor dem Kochen gut mit Salbei, Oregano, Lorbeerblättern und Wacholderbeeren ein. Nieren kann man in dünne Scheiben schneiden und in Alkohol flambieren (wirkt gegen die Giftstoffe und macht das Fleisch leichter verdaulich). In Frankreich werden Nieren in Olivenöl, Knoblauch und Kräutern kurz angebraten und etwa 15 Minuten gedünstet. Leber und Herzen können auf dieselbe Weise zubereitet werden: Salbei paßt besonders gut zu Leber, er bindet das darin enthaltene Eisenmineral und fördert die Verdauung.

Rinderfilet-Braten

Fleisch von guter Qualität muß nicht lange gekocht werden. Nehmen Sie 450 g Fleisch und spicken Sie es an der Ober- und Unterseite mit Knoblauch, Thymianblättern und Pfefferkörnern. Gießen Sie einen Schuß Olivenöl über das Fleisch. Bestreuen Sie es nicht mit Salz, denn dadurch wird dem Fleisch der Saft und somit wertvolle Mineralien entzogen. Wenden Sie das Fleisch aus diesem Grund auch nie mit einer

Gabel. Heizen Sie das Backrohr auf 250° C/Gas 9 vor und drosseln Sie die Hitze auf 200° C/Gas 6, bevor Sie das Fleisch hineingeben. Bei 450 g Fleisch rechnet man mit einer Garzeit von 25 Minuten. Ein gut durchgebratenes Stück Fleisch sollte außen knusprig und innen zartrosa sein.

Filet ist das magerste Fleisch und schadet am wenigsten dem Cholesterinspiegel. Beim Kochen sollte man darauf achten, daß es nicht zu trocken wird – dabei hilft das Pflanzenöl. Knoblauch und Thymian unterstützen die Verdauung von Eiweiß und binden Mineralien, vor allem Eisen.

Estragon-Huhn

Für 4 Personen

1 kleines Huhn
mit etwa 700 g
frische Estragonblätter
Saft einer Zitrone
Salz und Pfeffer

Schneiden Sie die Haut des Huhns überall leicht ein und schieben Sie Estragonblätter unter die Haut. Streichen Sie auch den Zitronensaft unter die Haut, bis das ganze Huhn damit bedeckt ist. Würzen Sie mit Salz und Pfeffer. Schieben Sie das Huhn in den vorgeheizten Backofen und garen Sie es bei 230° C/Gas 8 etwas 35 – 45 Minuten goldbraun.

Hühnerfleisch kann oft gegessen werden, denn es liefert sehr mageres Fleisch. Das wenige Fett wird bei dieser Zubereitungsmethode entzogen. Dieses Gericht ist daher geeignet bei Verdauungsproblemen von Hühnerfett. Der enthaltene Estragon wirkt gegen prämenstruelle Beschwerden.

Reisauflauf

175 g Reis
1 Liter Milch
2 Zimtstangen
4 Eier, geschlagen
30 g Butter oder frische Sahne
geriebene Schale einer Zitrone
2 Teelöffel frisch geriebener Ingwer
165 g brauner Zucker oder 100 g Honig
Saft einer halben Zitrone

Waschen Sie den Reis, geben Sie ihn mit dem Wasser in einen Topf und kochen Sie ihn 2 – 3 Minuten. Nehmen Sie den Topf vom Feuer, seihen Sie den Reis ab und spülen Sie ihn unter kaltem Wasser ab. Bringen Sie die Milch in einem anderen Topf mit Zimt zum Kochen. Geben Sie den Reis dazu und lassen Sie das Ganze etwa 30 Minuten köcheln, bis die Milch vollständig vom Reis aufgenommen wurde. Rühren Sie Eier, Butter bzw. Sahne, Zitronenschale und Ingwer unter. Nach Wunsch können Sie die Zimtstangen entfernen, doch der Geschmack wird intensiver, wenn Sie sie mitkochen.

Kochen Sie den Zucker oder Honig mit dem Zitronensaft, bis er braun und karamellig ist. Mischen Sie die Sauce unter den Reis und füllen Sie ihn in eine feuerfeste Form. Backen Sie den Auflauf 30 Minuten bei 200° C / Gas 6. Man kann den Reisauflauf warm essen oder im Kühlschrank aufbewahren und wie Kuchen in Scheiben schneiden.

Dieses Rezept stammt von meiner Großmutter. Sie kochte den Reisauflauf oft für uns Kinder. Aufgrund seines Eiweißgehalts ist er eine nahrhafte Mahlzeit für Kinder. Im Winter kann man ihn auch als Kuchen essen, denn der Ingwer hilft gegen Husten und Erkältung.

Apfel-Zimt-Auflauf

2 – 3 oder 6 Personen (je nach Appetit!)

550 ml Milch
75 g brauner Zucker
6 Scheiben Roggenbrot
1 getrenntes Ei
700 g Äpfel, dünn geschnitten
frischer Zitronensaft
Zimtpulver
Rosinen
4 Teelöffel Honig

Süßen Sie die Milch mit Zucker und weichen Sie das Brot darin auf. Mixen Sie das Ganze zu einem Brei und fügen Sie das Eigelb dazu. Schlagen Sie das Eiweiß steif und heben Sie es unter den Brei. Fügen Sie die Äpfel, den Zitronensaft und Zimt dazu. Füllen Sie den Auflauf in eine Form und bestreuen Sie ihn mit Rosinen und Honig. Backen Sie das Ganze im vorgeheizten Backofen bei 200° C / Gas 4 – 6 etwa 30 Minuten.

Dieser Auflauf bietet in der Apfelsaison eine interessante Abwechslung zu herkömmlichen Gerichten. Er eignet sich gut nach Schweine- oder Lammfleischgerichten, denn Äpfel und Zimt fördern die Verdauung von tierischem Fett.

Karamelpudding

Für 4 Personen

4 Eßlöffel Honig oder brauner Zucker
1 Vanilleschote, zerteilt
550 ml Milch
4 – 5 Eier

Sauce

50 g Rosenblätter
250 ml Wasser
5 – 6 Eßlöffel Honig oder brauner Zucker

Geben Sie den Honig und die Vanilleschote zur Milch, erhitzen Sie die Milch und nehmen Sie den Topf vom Feuer. Rühren Sie die Eier unter und geben Sie die Mischung in eine feuerfeste Form. Stellen Sie die Form in eine mit Wasser gefüllte Pfanne und geben Sie das Ganze 1 Stunde in den vorgeheizten Backofen (150° C / Gas 2).

Kochen Sie für die Sauce die Rosenblätter 2 Minuten in Wasser und lassen Sie sie 15 Minuten ziehen. Rühren Sie den Honig oder Zucker unter und lassen Sie den Sirup 15 Minuten köcheln. Gießen Sie die Sauce über den Pudding und stellen Sie ihn mindestens 6 Stunden in den Kühlschrank, sonst schmeckt man die Rosensauce nicht.

Diese Nachspeise eignet sich besonders bei Halsentzündung, Mandelentzündung oder nachdem ein Zahn gezogen wurde. Rose wirkt auch schleimlösend und vertreibt Erkältungen. Der Pudding ist ein nahrhaftes Gericht für Kinder und hilft Frauen, die an prämenstruellen Beschwerden leiden.

Aromatischer Wein und Likör

Zu einem liebevoll zubereiteten Fleischgericht paßt am besten ein guter Wein, denn er fördert die Verdauung und erhöht die Freude am Essen.

Zu weißem Fleisch, wie Fisch und Geflügel, trinkt man gewöhnlich Weißwein, während zu Rind- und Lammfleischgerichten Bordeaux und Burgunder serviert wird. Trockener Weißwein paßt vor allem wegen seiner verdauungsfördernden Wirkung gut zu Fleisch.

Zwei Gläser eines guten Weins sind zum Essen ausreichend. Es ist nicht ratsam, Wein zwischen den Mahlzeiten zu trinken, denn er gelangt sehr schnell in die Blutbahn und steigt zu Kopf. Kaufen Sie immer hochwertige Weinsorten, die von einem kleinen Weingut stammen. Die meisten Weine, die in großen Mengen hergestellt werden, enthalten Chemikalien und hinterlassen oft einen Kater, der sich durch trockenen Mund und Kopfschmerzen bemerkbar macht. Als ich erfuhr, daß solche Weine in Metallcontainern gelagert werden, wunderte ich mich nicht mehr über die giftige Wirkung. Wein eignet sich gut für ätherische Öle und aromatische Substanzen. Schon vor vielen tausend Jahren trank man mit Kräutern und Gewürzen gemischte Weine. Die Griechen schätzten solche Getränke wegen ihrer anregenden Wirkung auf Appetit und sexuelle Lust und genießen heute noch den entspannten und glücklichen Zustand, den er zurückläßt. Zudem besaßen die gewürzten Weine verschiedene therapeutische Eigenschaften: Rose wirkte beruhigend, Veilchen half bei Verstopfung, Anissamen half gegen Verdauungsstörungen und Koriander linderte Menstruationsbeschwerden.

Seit über 2000 Jahren gibt es das Rezept für einen berühmten griechischen Wein. Er enthält 54 verschiedene Aromastoffe, wie Ingwer, Zimt und Anissamen, doch der genaue Wortlaut des Rezeptes ist ein streng bewachtes Geheimnis.

Auch die alten Ägypter tranken aromatische Weine, einer davon enthielt Salbei und wurde unfruchtbaren Frauen verabreicht. Die Römer tranken Ingwerwein aufgrund seiner aphrodisierenden Wirkung, Thymianwein gegen Appetitlosigkeit und Verstopfung und Myrtenwein gegen Magenschwäche.

Hier sind einige einfache Rezepte, die Sie selbst ausprobieren können:

Aromatischer Wermut

1 Liter Weißwein
1 Zimtstange oder
½ Teelöffel Pulver
geriebene Schale von 1 ½ Orangen
6 Zwiebeln
½ Teelöffel Koriandersamen
¼ Teelöffel geriebene Muskatnuß
½ Teelöffel Anissamen

Mischen Sie den Wein mit den restlichen Zutaten und lassen Sie ihn 4 Wochen ziehen. Er eignet sich als Aperitif und regt die Magensäfte an.

Dessert-Likör

2 Liter Wodka oder Rum
500 g brauner Zucker
geriebene Schale von 4 Zitronen
6 Vanilleschoten
2 Scheiben Angelikawurzel

Vermischen Sie alle Zutaten mit dem Alkohol und lassen Sie die Mischung 3 – 4 Wochen ziehen.

Sie können den Likör auch dazu verwenden, um Kuchen zu aromatisieren, besonders den Reisauflauf aus diesem Kapitel (vgl. Seite 194).

Dieses Getränk fördert darüber hinaus die Verdauung aller Arten von Fleisch.

Vanille-Wein

1 Liter Malaga- oder Madeirawein
3 Vanilleschoten

Lassen Sie die Vanille 3 – 5 Wochen in dem Wein ziehen. Ein kleines Glas von diesem Vanille-Wein, nach dem Essen getrunken, hilft gegen Husten und ist darüber hinaus auch gut für Raucher.

Angelika-Wein

1 Liter Malagawein
50 g geriebene oder zerkleinerte Angelikawurzel
1 kleine Ginsengwurzel

Geben Sie die Wurzeln in den Wein und lassen Sie alles 6 Wochen ziehen.

Der Angelika-Wein ist ein hervorragendes Kräftigungs- und Stärkungsmittel.

Zimt-Wein

1 Liter Malagawein oder Portwein
25 g Vanilleschote
40 g Zimtstangen
25 g Ginsengwurzeln
25 g Rhabarber

Vermischen Sie alle Zutaten mit dem Wein und lassen Sie alles 5 Wochen ziehen. Trinken Sie gegen Erkältung, Müdigkeit oder Depressionen täglich zwei kleine Gläser von diesem Zimt-Wein.

Gewürzte Schokolade

Pro Person

300 ml Milch
25 g Bitterschokolade
1 zerkleinerte Ingwerwurzel
1 kleine Zimtstange
Honig

Schmelzen Sie die Schokolade in der Milch und fügen Sie Ingwer und Zimt dazu. Lassen Sie das Ganze 12 Minuten köcheln. Servieren Sie die Schokolade heiß mit Honig gesüßt. Dies ist eines der Rezepte von meiner Großmutter. Sie bereitete es gegen Erkältung. Das Getränk schmeckt Kindern sehr gut und paßt zu heißem Toast.

8. Kapitel

Parfums
und
Blumen

Mit dem Begriff ›Parfum‹ assoziiert man automatisch eine kleine, formschöne Glasflasche, die mit einer luxuriösen, kostspieligen Flüssigkeit gefüllt ist. Heutzutage wird Parfum von Männern und Frauen benutzt und ist ein Luxusartikel, wie teure Kleidung und Brillanten. Das war aber nicht immer so. Ich hatte bereits erwähnt, daß es früher verschiedene andere Gründe gab, weshalb Parfums benutzt und hochgeschätzt wurden.

Der geschichtliche Hintergrund des Parfums

Der Begriff Parfum stammt von dem lateinischen Wort ›durch Dampf‹ und bezieht sich auf die Zeit, als man Rinden (z. B. Zimt) und Hölzer (z. B. Sandelholz) verbrannte, um mit dem aufsteigenden Rauch die Luft zu aromatisieren. Doch diese Methode ist weit entfernt von den heutigen Düften in Sprühflaschen. Wenn man die geschichtlichen Hintergründe des Parfums betrachtet, wird deutlich, daß Düfte in den meisten Kulturkreisen verwendet wurden, um Wünsche und Gefühle auszudrücken und so einer Art unsichtbarer Kommunikation dienten.

In Japan habe ich einmal beobachtet, daß mit dem Wechsel der Tageszeiten unterschiedliche aromatische Substanzen verbrannt wurden. Morgens waren es z. B. Zitrusfrüchte und

Jasmin am Nachmittag. So konnte man am jeweiligen Duft die Tageszeit erkennen.

Im alten Ägypten wurde die Luft tagsüber auf ähnliche Weise parfümiert. Dies geschah jedoch nur, um den Sonnengott Ra zu erfreuen. Bei Sonnenaufgang wurde im Tempel süßes Harz verbrannt, und die zum Himmel emporsteigenden Düfte galten dem Gott zum Gruß. Mittags wurde Myrrhe verbrannt, und bei Sonnenuntergang wurde zum Dank eine Mischung aus 16 verschiedenen ätherischen Essenzen mit Weihrauch verbrannt. Mir gefällt die Idee dieser ägyptischen Sitte: am Duft erkannte man die Zeit des Sonnenuntergangs und wußte, daß sich der Tag dem Ende neigt, man beendete die Arbeit und traf sich zu einem gemeinsamen Gebet und einer gemeinsamen Mahlzeit.

Die ägyptischen Priester waren Meister in der Parfumherstellung, denn sie besaßen eine hochentwickelte Geschicklichkeit, verschiedene Duftsubstanzen zu mischen. Ihre Duftkreationen dienten als Geschenke für die Pharaonen oder wurden bei religiösen Zeremonien in den Tempeln verbrannt. Der Sinn war nicht nur, ein angenehmes Aroma für die Gläubigen zu erzeugen, sondern vielmehr die einflußreiche Kraft bestimmter Substanzen auf Psyche und Geist zu nutzen. Des weiteren wurden eigens zu diesem Zweck zubereitete Parfums für spirituelle Heilungen und zur Behandlung von Depressionen, Angst oder anderen emotionalen Störungen verwendet.

Man entdeckte, daß bestimmte Mischungen von ätherischen Essenzen einen meditativen Zustand, d. h. eine andere Bewußtseinsebene erzeugen können. Von anderen Essenzen glaubte man, sie könnten die Seele reinigen und die spirituelle Wahrnehmung verbessern. Die Gläubigen wurden mit den Düften in einen Zustand von glückseligem Frieden, Ruhe und Vergessenheit versetzt und konnten sich besser in ihre Gebete vertiefen. Es ist auch möglich, daß sie beim Anblick des aufsteigenden Rauchs das Gefühl hatten, es würde eine vorübergehende Verbindung zu den Göttern hergestellt.

Die Ägypter überlieferten ihr Wissen über Düfte den hebräischen Sklaven, und diese schrieben es im 2. Buch Moses nieder: als Gott Moses riet, aus Ägypten zu fliehen, erinnerte er ihn, Myrrhe, Zimt, Olivenöl und Binsen mitzunehmen. Als Moses sein Ziel erreichte, stellte er Gottes Tabernakel auf, und es gelang ihm mit Hilfe der aromatischen Substanzen, eine spirituelle Atmosphäre zu schaffen, deren Duft ihn an Ägypten erinnerte. Parfums haben in der Religion schon immer eine Rolle gespielt. In Indien gibt es viele alte Tempel, die aus Sandelholz gebaut sind und einen beruhigenden Duft verströmen. In einigen Tempeln ist es auch heute noch üblich, den Körper zur Gebetsvorbereitung mit reinen Essenzen aus Rose, Sandelholz, Jasmin und Narzisse einzureiben. Auch in westlichen Ländern wird während des Gottesdienstes Weihrauch verbrannt, obwohl die meisten Gläubigen seine Bedeutung nicht mehr kennen.

Neben ihrer religiösen und spirituellen Bedeutung werden Parfums hauptsächlich wegen ihres angenehmen Dufts verehrt. Ob es nun der Duft einer einzelnen Blüte oder einer Mischung verschiedener aromatischer Essenzen war, Parfums wurden schon immer von Liebenden zur Steigerung der gegenseitigen Anziehungskraft genutzt. Man sagt, daß Kleopatra den Boden ihres Schlafzimmers anläßlich ihres ersten Treffens mit Antonius mit einem zentimeterdicken Teppich aus frischen Rosenblättern bedecken ließ.

Im alten Griechenland gab es eine Zeit, in der die öffentliche und private Anwendung von Aromastoffen und Parfums derart ausartete, daß Solon, ein Staatsmann im damaligen Athen, ein Verkaufsverbot anordnen mußte. Die mit den verschiedensten Düften geschwängerte Luft stiftete Verwirrung in der Bevölkerung Athens, und es kam zu Konzentrationsstörungen und Allergien.

Der Grund, daß sich schließlich auch Europäer für Parfums interessierten, war wohl in erster Linie die Absicht, sie als Mittel gegen schlechte Gerüche in der Luft einzusetzen. In Frankreich wurde 1190 erstmals die Verwendung von Parfum erwähnt, obwohl die Römer anläßlich ihrer Eroberungen zweifellos auch von dort aromatische Substanzen mitbrachten. Der damalige König Philip Augustus verlieh den Parfumeuren das alleinige Privileg, ihre Tätigkeit auszuüben. Vorher mußten sich die Parfumeure in spe jedoch vier Jahre lang im Mischen von aromatischen Essenzen üben, um ihre Geschicklichkeit zu erwerben. Am Ende der vier Jahre mußten sie vor eine Jury treten und sich einem praktischen sowie theoretischen Test unterziehen.

Es gibt eine reizende Geschichte über ein Parfum aus Rosmarinessenz, das speziell für Königin Elisabeth hergestellt wurde. Als der König von Ungarn ihre Bekanntschaft machte, war er von ihrem schönen Duft so entzückt, daß er, obwohl sie schon 81 Jahre alt war, um ihre Hand anhielt. Man sagt, sie hätte unter Rheuma gelitten, ehe sie das Parfum benutzte, danach wurde sie fast gesund.

In England fand der Gebrauch von Parfum erst unter Elisabeth I. Verbreitung. Sie war so begeistert über die parfümierten Handschuhe und andere duftende Geschenke des Edelmanns Edward de Vere, daß sie ihren Hofdamen befahl, sie sollten die Kunst, Duftwasser herzustellen, erlernen. Zu diesem Zweck wurden spezielle Gärten angelegt, und den Hofdamen wurde für die Parfumherstellung ein Extraraum zugeteilt. So geschah es, daß die Hofdamen zu Elisabeths Regierungszeit kleine Duftkissen aus Rosen- und Lavendelblättern in die Säume der voluminösen Röcke nähten, damit sich der Duft bei jeder Bewegung ausbreiten konnte.

Mit dem Wohlwollen der Königin setzte in England die Blütezeit der Parfumindustrie ein. Parfums von feinster Qualität konnte man in der Bucklesberry Street in London kaufen. Man sagt, daß Shakespeare Duftwasser liebte, und daß er die Ansicht teilte, ein Mann solle immer ein Parfum aus dem scharfen Sekret der Zibetkatze tragen, wenn er beabsichtige, eine Frau zu verführen.

Später als Charles II. den Thron bestieg, schrieb ein bekannter und angesehener Parfumeur namens Charles Lily ein Buch über die Freude an Düften. Etwa in dieser Zeit begann man, Parfums nicht nur wegen ihrer therapeutischen Wirkung zu verwenden. 1665 wurde empfohlen, in jedem Haus aromatische Substanzen zu verbrennen, um die Pest zu bekämpfen. Viel später, im Jahre 1760, als George III. an die Macht kam, wurde der Gebrauch von Parfum (und anderen kosmetischen Hilfsmitteln) verboten, weil sie so verschwenderisch von Dirnen benutzt wurden; er ging sogar so weit, daß Frauen, die versuchten mit diesen Mitteln einen Mann zu verführen, wegen Hexerei verurteilt und eingesperrt wurden. Das erklärt, weshalb englische Frauen noch lange Zeit danach sehr dezente, blumige Parfums aus Rose und Lavendel bevorzugten!

Parfums in der heutigen Zeit

Die Entwicklung, daß Parfum ausschließlich zur Freude an Düften hergestellt wird, hat im 20. Jahrhundert ihren Höhepunkt erreicht. Der Parfumeur – die ›Nase‹ genannt – hat 2000 aromatische Substanzen zur Auswahl, um sie in unendlich vielen Kombinationen zu mischen. Diese Substanzen können aus ätherischen Ölen von Pflanzenblättern und -blüten, Harz oder Rinde, tierischen Drüsensekreten, wie z. B.

der abessinischen Zibetkatze, des kanadischen Bibers, des tibetanischen Moschusochsen und des Cachelot-Wals oder – was heute sehr gebräuchlich ist – aus synthetisch erzeugten chemischen Ersatzstoffen dieser natürlichen Aromastoffe hergestellt werden. Der Geruchssinn von Parfumeuren ist so gut ausgebildet, daß sie ungefähr die Hälfte aller bekannten Aromainhaltsstoffe erkennen und bestimmen können. (Machen Sie den Test am Ende dieses Kapitels, um die Schärfe Ihres Geruchssinns festzustellen – Sie werden sehen, wie schwierig es ist.) Die Kunst der Parfumherstellung hat teilweise Ähnlichkeit mit der Malerei oder der Musik. Der Parfumeur Guerlain kreierte den weltbekannten Duft ›Mitsouko‹, als er in ein japanisches Mädchen verliebt war: darin vereinigen sich alle Elemente, die diese Liebe für ihn repräsentierte, und er schuf mit diesem Parfum ein persönliches ›Bild‹. So wie ein Maler oder Komponist versucht, die Erinnerung an Situationen oder Ereignisse mit Farben bzw. Akkorden wachzurufen, möchte die ›Nase‹ durch die Neuschöpfung eines bekannten Dufts eine bestimmte Stimmung einfangen.

Ich werde z. B. nie meinen ersten Aufenthalt in Malaysien vergessen. Angesichts der vielen Düfte in der Luft war ich von Ehrfurcht ergriffen. Es war da eine exotische Mischung aus Gewürzessenzen, wie Zimt, Muskatnuß, Nelke und dem Duft der Früchte, wie Zibetfrucht, Mangos, Papayas, Bananen usw., die auf den Märkten angeboten wurden. Im feuchten Dunst der Tropenluft – die in Romanen meist durch ein Parfum oder einen Duft charakterisiert wird – verteilen sich die Duftmoleküle besonders gut. Für mich als Aromatherapeutin war dies eine wichtige Erfahrung, die ich nie vergessen werde. Ein Parfum, das aus einer Mischung dieser Duftnoten besteht, wird mir immer Bilder meines Aufenthalts vor Augen führen. (Bei meiner Ankunft auf dem Londoner Flughafen wurden die ›duftigen‹ Erinnerungen jedoch schnell vertrieben, als mir der Geruch kommerzieller Antiseptik entgegenschlug. Ebenso wie der erste visuelle Eindruck ist meiner Meinung nach auch der erste Geruchseindruck sehr wichtig: Es wäre wesentlich angenehmer, man würde Besucher in diesem Land mit Nelkenduft willkommen heißen, denn in der Luft versprühtes Nelkenöl ist ein sehr wirksames Antiseptikum. Auch Krankenhauspatienten könnten sich viel besser entspannen, wenn beim Putzen weniger scharfe Reinigungsmittel verwendet würden.)

Die bei der Kreation eines Dufts verwendeten aromatischen Substanzen dienen entweder zur Bestimmung, Modifikation oder als Grundlage der Duftnote. Die bestimmende Essenz ist eine leichte und flüchtige Substanz, die meist aus Zitrusfrüchten oder Blumen gewonnen wird. Sie prägt den ersten Eindruck des Parfums. Danach machen sich die Modifikanten oder Beistoffe bemerkbar, die den eigentlichen Duft des Parfums bestimmen, dabei handelt es sich oft um Essenzen, wie Rose und Jasmin. Sie werden von den schweren, langlebigen Basisstoffen, wie Sandelholz, Eichenmoos, Moschus oder Zivet unterstützt. Auf diese Weise entfaltet ein Parfum langsam seinen Charakter, der durch das Zusammenspiel der verschiedenen Inhaltsstoffe bestimmt wird. Jedes Parfum besitzt eine Persönlichkeit. Es kann frisch und frech, schwer und provokativ, berauschend und verführerisch sein – die Kombinationsmöglichkeiten sind aufgrund der Vielfalt aromatischer Substanzen nahezu unbegrenzt.

Ein weiteres Phänomen ist, daß Parfum immer wieder anders duftet, da jeder Mensch einen persönlichen Körperduft hat, der von den Pheromonen bestimmt wird. Der Körperduft vermischt sich mit dem Parfum und verändert sein Aroma. Deshalb sollte man sich ein Parfum nicht kaufen, weil es bei einer Freundin wunderbar duftet. Es kann auch sein, daß Pheromone durch psychische und emotionale Veränderungen im Körper beeinflußt werden und Sie von einem Parfum, das am Tag zuvor noch himmlisch roch, plötzlich enttäuscht sind.

Der erste Parfumkauf sollte allein getätigt werden. Es ist wichtig, daß Sie gutgelaunt und vollkommen gesund sind. Eine Freundin würde Ihre Entscheidung nur beeinflussen – bewußt oder unbewußt. Bei Niedergeschlagenheit oder Unwohlsein könnten die Pheromone den Geruch eines Parfums auf der Haut verändern.

Geben Sie ein paar Tropfen auf das innere Handgelenk und riechen Sie nicht direkt daran, da die Nase sonst ›getäuscht‹ wird; halten Sie die Hand in einiger Entfernung und wedeln Sie ein wenig durch die Luft, damit sich die Duftmoleküle auf natürliche Weise entfalten können. Lassen Sie das Parfum mindestens zwei Stunden einwirken, denn erst dann können Sie feststellen, wie sich der Duft verändert oder entwickelt hat. Wenn er Ihnen jetzt immer noch gefällt, gehen Sie zurück und kaufen Sie das Parfum – aber erst am nächsten Tag, um sicherzugehen!

Man muß nicht immer bei einem Parfum bleiben. Da sich Stimmungen und soziales Verhalten ändern, wird man je nach Gelegenheit – im Berufsalltag oder beim Tanzen – ein entsprechendes Parfum wählen. Ich finde es faszinierend, daß die meisten Frauen mehrere verschiedene Parfums besitzen – wahrscheinlich um die vielfältigen Facetten ihrer Persönlichkeit auszudrücken. Männer hingegen bleiben meist einem Aftershave treu.

Im Parfum steckt mehr als nur oberflächliche Dekoration. Es kann und sollte ein Ausdruck der Persönlichkeit sein. Denn ergänzend zu Ihrem Stil sich zu kleiden, unterstreicht es das Bild, das Sie von sich selbst haben, und bietet eine Möglichkeit, sich anderen mitzuteilen. Parfum ist manchmal auch ein Meister der Illusion: es kann einer sonst eher schüchternen und introvertierten Person einen Hauch von Extravaganz verleihen, die aber nur mit der Nase zu spüren ist. Nelke ist beispielsweise dafür bekannt, daß sie Schüchternheit vertreibt und Mut weckt. Ich reibe immer ein wenig Nelkenöl auf meine Brust, wenn ich vor Publikum sprechen muß (man sagt, daß französische Gangster einen Tag vor dem großen Coup eine Nelke im Knopfloch tragen, um ihren Mut und ihre Nerven zu stärken!).

Man sollte stets darauf achten, nicht zuviel Parfum aufzutragen. Man wird leicht für vulgär und aggressiv gehalten, wenn man zu verschwenderisch mit Parfum umgeht. Wenn Sie also eine wichtige Verabredung haben, verwenden Sie Ihr Parfum dezent und bescheiden (es ist denn, Sie wollen jemanden einschüchtern).

Wie alle Gerüche hinterläßt auch Parfum einen intensiven Eindruck im Unterbewußtsein. Die Erinnerung an eine Person oder einen Ort wird fast immer durch den einstigen Geruch beeinflußt. Einen übernatürlichen Hinweis darauf entnahm ich einer verblüffenden Geschichte, die mir ein Mann über seine Mutter erzählte. Er nahm eines Tages den Duft wahr, den seine Mutter immer im Haar trug. Der Duft schien ihm überall hin zu folgen. Da er seine Mutter einige Zeit nicht gesehen hatte, konnte er die Bedeutung dieses Phänomens nicht verstehen, bis er am nächsten Tag erfuhr, daß sie tags zuvor gestorben war.

Parfums und die Psyche

Wie die alten Ägypter schon vor so vielen Jahren entdeckten, können Parfums den emotionalen und geistigen Zustand beeinflussen. Das trifft jedoch auf die heutigen handelsüblichen Parfums nicht mehr zu, da die enthaltenen synthetischen

Aromastoffe nicht die gleichen therapeutischen Eigenschaften besitzen wie natürliche aromatische Essenzen. Natürliche Parfums haben außerdem den Vorteil, daß sie vom Geruchssinn als angenehm empfunden werden, im Gegensatz zu einigen alles übertönenden, ziemlich widerlich riechenden, synthetischen Duftnoten, die einen höchstens krank machen. Der griechische Arzt Hippokrates, der Vater der Medizin, sagte: »Der beste Weg zur Gesundheit ist die tägliche Anwendung eines aromatischen Bades und einer Massage mit duftenden Essenzen.« Er wußte, daß Gesundheit sowohl einen gesunden Körper als auch einen gesunden Geist bedeutet – denn Körper und Geist sind untrennbar. Er war sich – genau wie die alten Ägypter – bewußt, daß ätherische Öle die Psyche beeinflussen und dem Geisteszustand nützen können. In Paris besuchte ich einmal einen Vortag über Aromatherapie, der von einem indianischen Arzt namens Badmajieff gehalten wurde. Er stimmte mit Hippocrates überein: »Duftmoleküle können die Gefühle, den Geist und die Gelassenheit eines Menschen beeinflussen. Die Lebensweise steht im Zusammenhang mit der Anwendung ätherischer Pflanzenöle.«

Einzelheiten über die Wirkungsweise ätherischer Öle sind erst in den letzten Jahren bekannt geworden. Wie bereits erwähnt, sind die Geruchsnerven mit der limbischen Region des Gehirns verbunden, die u. a. für Veränderungen im Gefühlsleben verantwortlich ist. Das ist der Grund, warum uns angenehme Gerüche zufrieden und schädliche Gerüche depressiv und reizbar machen.

Bestimmte ätherische Öle wirken sich auch auf das Nervensystem wohltuend aus. Wenn wir unter Streß stehen, dominiert der Sympathikusnerv. Wenn so eine Situation länger andauert, wird man müde, die Nerven werden schwach und Alltagsprobleme gewinnen zu große Bedeutung. Ätherische

Öle helfen, das Gleichgewicht zwischen Sympathikusnerv und parasympathischen Verzweigungen des Nervensystems wiederherzustellen. Dabei entspannt sich der Körper, der Geist klärt sich allmählich, die Gedanken werden wieder stimuliert, verlorengegangene Wahrnehmungen und Kontrolle kehren zurück.

Die meisten Essenzen haben eine stimulierende Wirkung. Sie regen die Produktion von Adrenalin an und sorgen dafür, daß man Streß besser verkraftet. Wie allgemein bekannt sein dürfte, ist Streß die Hauptursache für Angst, Depression, Reizbarkeit, Nervosität, Schlaflosigkeit und sogar sexuelles Desinteresse.

Schon immer wurden bestimmte ätherische Öle aufgrund ihrer aphrodisierenden Wirkung gepriesen. Einer der Gründe, warum sie so schnell und effektiv arbeiten, ist ihre direkte Einwirkung auf die limbische Gehirnregion, von wo aus auch das Sexualverhalten gesteuert wird. Es scheint, als hätte Kleopatras Rosenblätterteppich eine sinnliche Funktion besessen. Ganz zu schweigen von der Romantik!

Auf einem anderen, nicht ganz so direkten Weg können Essenzen auch die im Laufe der Zeit träge gewordene Fortpflanzungsdrüsen aktivieren und das verminderte sexuelle Interesse wiederbeleben.

Wenn Sie also ein Parfum aus einem oder mehreren ätherischen Ölen herstellen, sollten Sie sich darüber im klaren sein, welche Wirkung Sie erwarten und wonach es duften soll. Wie Parfum können auch die folgenden ätherischen Öle als Badezusatz oder Massageöl verwendet werden. Man kann auch einige Tropfen auf ein Dia-Glas geben und es neben die Heizung legen, so daß sich die Dämpfe in der Luft verteilen. Zu empfehlen ist auch die Wirkung von innen heraus, wobei man ätherische Essenzen in Form von Kräutertees zu sich nimmt.

Aphrodisiakum

Besonders wirksam: Zimt, Bohnenkraut, Ylang-Ylang, Salbei, Ingwer und Rose.
Sonstige: Anis, Fenchel, Nelke, Majoran, Minze, Muskatnuß, Rosmarin, Eisenkraut, Neroli.

Angst (wirksam dagegen)

Besonders wirksam: Basilikum, Majoran.
Sonstige: Koriander, Estragon, Fenchel, Ysop, Lavendel, Minze, Orange, Rosmarin, Thymian und Eisenkraut.

Alpträume (vertreiben)

Besonders wirksam: Basilikum, Zitrone, Fenchel, Minze, Rosmarin.
Sonstige: Majoran, Orange, Salbei.

Depressionen (lindern)

Angelika, Basilikum, Karotte, Zitrone, Koriander, Ingwer, Eukalyptus, Lavendel, Mandarine, Majoran, Melisse, Minze, Neroli und Petersilie.

Körperliche Bewegung
(zur Vorbereitung des Körpers auf Sport, zur Unterstützung des Schwitzens und zur Förderung der Atmung)

Besonders wirksam: Rosmarin, Ylang-Ylang, Eukalyptus, Benzoe.
Sonstige: Kardamom, Minze, Nelke, Angelika, Galbanum.

Konzentration (Verbesserung der Aufnahmefähigkeit)

Nelke, Koriander, Rosmarin, Basilikum, Bergamotte.

Schlaflosigkeit (behandeln)

Besonders wirksam: Basilikum, Kamille, Lavendel, Melisse, Mandarine, Orange, Neroli, Rosmarin, Thymian, Rose.

Die Sprache der Blumen

Ohne Zweifel haben unsere Vorfahren den Blumen eine größere Bedeutung beigemessen, als wir es heute tun. Bei den Ägyptern und Chinesen dienten sie als Mittel zur Kommunikation. Viele Jahre später verwendeten die Viktorianer Blumen, um Gefühle auszudrücken. Einige ihrer Sitten werden noch heute fortgesetzt – noch immer schicken wir Rosen zum Zeichen der Liebe –, die meisten jedoch sind seit langem in Vergessenheit geraten.

Ich halte es für eine nette Idee, sich wieder mehr in der Blumensprache zu unterhalten. Sie finden nachfolgend eine Auflistung der gebräuchlichsten Blumen und ihre Bedeutung.

Rote Rosen	Leidenschaft
Weiße Rosen	platonische Liebe
Gelbe Rosen	Untreue
Anemonen	Ablehnung
Azaleen	Leidenschaft
Brombeerstrauch	Neid
Fingerhut	Unaufrichtigkeit
Heliotrop	Hingabe
Gardenie	heimliche Liebe
Efeu	Treue, vertraute Liebe

Jasmin	Freude und Leidenschaft
Zitronenblüte	Treue
Veilchen	neue Liebe
Maiglöckchen	Glück

Man könnte diese Sprache noch ergänzen z. B. durch die Fähigkeit des Blumendufts, bestimmte Stimmungen zu erzeugen, zu heilen oder ein gewünschtes Ziel zu erreichen.

In Frankreich ist es unter Freunden oder innerhalb der Familie üblich, daß man sich am ersten Mai Maiglöckchen überreicht, vermutlich um dem anderen Glück zu wünschen. Maiglöckchen haben auch noch einen anderen Effekt. Meine Großmutter hatte ein schwaches Herz, und wir Kinder amüsierten uns immer, wenn sie behauptete, sie würde sich durch den Duft von Maiglöckchen besser fühlen, da er sowohl das Herzklopfen als auch den Schwindel linderte. Sie pflanzte unzählige Maiglöckchen in ihren Garten, direkt unter den Fenstern und stellte Duftschalen auf, wo immer sie gerade saß oder arbeitete. Erst viele Jahre später fand ich heraus, daß Maiglöckchen eine Substanz enthalten, die viele französische Kräuterspezialisten bei der Behandlung von Herzbeschwerden verwenden. Wenn man die Blumen im Garten pflanzt, kann man sie jederzeit pflücken.

Blumen sind nicht nur ein romantisches Geschenk. Stellen Sie Blumen der Liebe und Leidenschaft – oder ihre Essenzen – zu Hause auf und schaffen Sie so eine romantische Atmosphäre. Parfümieren Sie Ihr Schlafzimmer (wie Kleopatra) mit Rosen, Jasmin oder Gardenien. Wenn Sie für Ihren Geliebten kochen, sollten Sie eine leichte Mahlzeit servieren (der Reisauflauf von Seite 194 mit der Zugabe von Ginseng ist ein nahrhaftes und wirkungsvolles Aphrodisiakum). Stellen Sie aber stark duftende Blumen nur auf den Tisch, wenn ihr Duft mit dem Aroma der Mahlzeit harmoniert.

Der duftende Garten

Während der Regentschaft von Elisabeth I. bepflanzte man die Gärten nicht nur aus ästhetischen Gründen mit Blumen und Kräutern, sondern auch wegen ihrer therapeutischen Eigenschaften. England war unter Elisabeth I. berühmt für seine herrlich duftenden Gärten – die fast ausschließlich von Frauen angelegt wurden, während sich Männer mehr um das Gemüse kümmerten.

Der Dichter Francis Bacon schrieb über die Gärten: »Manche Kräuter erfüllen die Luft mit solch einem entzückenden Duft, daß man nicht einfach an ihnen vorbeigeht, sondern am liebsten auf sie tritt, um sie zu zerdrücken. Dazu gehören wilder Thymian und die Wasserminze. Man sollte ganze Alleen damit anlegen und Freude daran haben, auf ihnen zu laufen und sie zu zertreten!«

Ich bin sicher kein geübter Gärtner, aber der Duft von Blumen, Bäumen, Sträuchern und Kräutern mit seinen heilsamen Kräften ist für mich wertvoller als ihre Farbe und Form. Ich lege Wert darauf, daß die Duftnoten der einzelnen aromatischen Pflanzen in einem Garten, genau wie bei einer Parfumkreation, miteinander harmonieren. Ein Spaziergang durch den Garten soll den Geist beleben und stets eine Wohltat für die Nase sein. Wenn Sie einmal die Eigenschaften der verschiedenen Aromaessenzen kennen, können Sie die jeweiligen Pflanzen, Ihren Wünschen und Bedürfnissen entsprechend, auswählen. Ich möchte Ihnen noch einige Ratschläge geben, welche Pflanzen sich vertragen, welche nicht zusammenpassen und wie man einen duftenden Garten am besten anlegt.

Heilpflanzen wie Kamille, Basilikum, Kalendula, Ysop, Hopfen, Minze, Salbei, Fenchel und Eisenkraut sollten das Herz des Gartens bilden. Sie können von Rosmarin und Thymian und dem immergrünen Lorbeer umgeben werden, da sie den Duft der Heilpflanzen einfangen. Lavendel eignet sich vor allem zur Wegrandbepflanzung, und hinter diese süß duftenden Sträucher passen sehr gut Damaskus- und Zentifolienrosen.

Rosen vertragen sich auch gut mit zitrusartigem Bergamotte und Kamille. Eine französische Volksweisheit sagt, daß Rosen zusammen mit Knoblauch gut gedeihen, da sein kräftiges Aroma die grüne Blattlaus und andere Schädlinge fernhält. Pflanzen Sie niemals Nelken und Rosen in dasselbe Beet, sie vertragen sich nicht und erzeugen eine äußerst aggressive Atmosphäre. Darauf sollten Sie auch achten, wenn Sie einen duftenden Strauß zusammenstellen. Wenn Sie Nelken pflanzen, sollten Sie einmal die altmodischen Sorten mit dem süßen, würzigen Duft verwenden. Sie sind gut für die Nerven und verleihen schüchternen Menschen Mut. Wer seine Schüchternheit gerne ablegen möchte, sollte sich zu Hause oder im Büro einen duftenden Nelkenstrauß aufstellen.

Als Randbepflanzung von schmalen, gewundenen Wegen wählen Sie am besten Kräuter, wie Minze, Petersilie und Schnittlauch. Die Gartenlaube sollten Sie mit aromatischem Rosmarin umpflanzen. Auch Angelika und Beifuß passen gut in einen aromatischen Garten. Sie verströmen einen intensiven Duft und können überall angepflanzt werden. In eine Ecke des Gartens können Sie auch einige Pelargonien setzen. Sowohl die Blätter als auch die Blüten dieser Pflanze duften, und man kann ihr Aroma bereits aus der Ferne wahrnehmen. Heilpflanzen wie Kamille, Zitrone, Eisenkraut und Minze gedeihen gut in ihrer Nähe. Wenn Sie Bäume im Garten haben, sollten Sie darunter einige Maiglöckchen pflanzen. Sie lieben eine schattige Umgebung und verbreiten ein herrliches Aroma.

Pflanzen Sie an den äußeren Rand des Gartens Kiefern und Zypressen, um den Duft der aromatischen Pflanzen zu halten. Sie bilden eine Art Barriere und verhindern, daß die Duftmoleküle entweichen. Außerdem üben sie einen günstigen Einfluß auf die Atemorgane aus – wie übrigens auch Veilchen, die aber leider nur kurz blühen.

Um den Boden des Gartens zu bedecken, eignet sich Eukalyptus. Er hat wunderschöne silberne Blätter und hält im Sommer die Fliegen fern.

Lassen Sie Geißblatt und Jasmin an der Hauswand emporranken, damit ihr Duft durchs offene Fenster dringt. Die Pflanzen eignen sich jedoch nicht in der Nähe des Schlafzimmerfensters, da ihr anregender Duft Sie beim Einschlafen hindern würde. Dort wäre eine Linde oder ein Apfelsinenbäumchen (in Großbritannien nicht sehr gebräuchlich) sehr schön, denn beide sind bekannt für ihre beruhigende und besänftigende Wirkung. Wenn Sie die Absicht haben, eigenes Gemüse zu züchten, sollten Sie Ringelblumen mit in Betracht ziehen, da ihr Geruch Insekten vertreibt.

Da jede Blume zu einer anderen Jahreszeit blüht, sollte die Zusammensetzung der Pflanzen wohlüberlegt sein. Ideal wäre, man würde die Bepflanzung sowohl nach dem Duft als auch nach der Blütezeit auswählen.

Im Frühling eignen sich Osterglocken, Sternhyazinthen und Narzissen, da ihre Düfte miteinander harmonieren. Vergessen Sie nicht, im Winter viele Hyazinthen vor den Fenstern zu pflanzen, denn ihr Aroma kann an einem grauen, bewölkten Tag große Freude bereiten.

Testen Sie
ihren
Geruchssinn

Zunächst einmal können Sie Ihren Geruchssinn verbessern, indem Sie versuchen, jeden Tag einen neuen Geruch kennenzulernen: dazu eignen sich Aromen von Blumen, Früchten, Gemüse oder ätherischen Ölen und sogar chemische Zusammensetzungen, die Sie im Haushalt verwenden (letztere sind sehr wichtig, um im Notfall gefährliche, giftige Dämpfe erkennen zu können). Lernen Sie einen neuen Geruch kennen, indem Sie ihn tief durch die Nase einatmen oder im Abstand von 5 – 10 cm inhalieren. Schließen Sie die Augen, stellen Sie sich die Pflanze bildlich vor und wiederholen Sie den Vorgang so oft, bis sich der Geruch eingeprägt hat.

Legen Sie sich einen Notizblock zurecht und notieren Sie Ihre Reaktionen auf den Geruch: ob Sie ihn mögen, ob Sie ihn als heiß oder kalt empfinden, ob er stark oder sanft, moschusartig, blumig, pfefferminzartig, faulig, stechend, kampferartig, sauer usw. riecht.

Schließlich wird diese Methode auch von Weinkennern angewendet, die aber den Wein nicht nur riechen, sondern ihn auch schmecken. Ein Liebhaber von Weinbrand probiert erst, nachdem er den Kognakschwenker erwärmt und das Aroma inhaliert hat.

Machen Sie mit Ihrer Familie oder mit Freunden folgendes Spiel (man kann es auch bei einem Kindergeburtstag statt ›Topfschlagen‹ spielen):

Man verbindet einem Spieler die Augen, und er muß zehn verschiedene Gerüche erkennen. Die Gerüche werden auf einem Notizblock aufgelistet, und neben jedem Geruch werden die Treffer angekreuzt. Der Spieler darf den Geruch nicht berühren. Beim nächsten Spieler muß die Reihenfolge der Testsubstanzen geändert werden. Anfängern kann man Tips geben. Sieger ist, wer die meisten Duftnoten erraten hat. Verwenden Sie alle verfügbaren Duftstoffe. Gemüse und Obst sollte aufgeschnitten werden, damit sich das Aroma besser entfalten kann. Zitrusfrüchte beispielsweise sollte man schälen und Kräuter, wie Rosmarin oder Lorbeer, müssen zerdrückt werden.

Die nachfolgende Liste enthält eine Auswahl der verschiedensten Duftstoffe:

Früchte	*Gemüse*	*Kräuter*	*Flüssigkeiten*
Apfel	Spargel	Basilikum	Weinbrand
Banane	Brokkoli	Lorbeer	Coca-Cola
Zitrone	Rosenkohl	Dill	Gin
Melone	Blumenkohl	Fenchel	Schmieröl
Orange	Stangensellerie	Majoran	Methylalkohol
Pfirsich	Fenchel	Minze	Sherry
Ananas	Knoblauch	Rosmarin	Terpentin
Erdbeere	Meerrettich	Salbei	Essig
Himbeere	Pilze	Estragon	Whisky
Mandarine	Zwiebel	Thymian	Wein

Anwendungsgebiete für Öle

Anwendungsgebiete für
andere aromatherapeutische Substanzen

Register